むかし「日本人」いま『台灣人』

梅桜交友会代表
松本洽盛 編

まえがき

現在、日本と台湾（中華民国）との間には、正式な国交関係はありません。一九七二年、日本は中華人民共和国を「中国の唯一の合法政府」と承認するとともに台湾と国交を断絶したまま今日に至っています。

しかし、国交がないにも拘わらず、日台両国民の関係は極めて良好です。

毎年、台湾からは人口の2割を超える約500万人が来日しています。片や日本からは約200万人が台湾を訪れ、〝台湾好き〟になって帰ってきます。大災害があれば、いち早く救援隊を派遣したり義捐金を届けるだけでなく、お互いに相手の無事を気遣い、悲運を悲しみ、励まし合うといった信頼関係にまで達しています。東日本大震災時に寄せられた台湾からの厚い支援が日台両国民の絆をより強めたといえるでしょう。

国交関係がありながら何かにつけ反日・嫌日に燃える中国・韓国とは極めて対照的であり、皮肉な現象でもあります。およそ隣国同士は仲が良くないという世界の通例を考えると、今日の親日・親台関係は稀有な例といってもよいでしょう。

こうした親密な関係は、何が要因で、どうして築かれたのでしょうか？

親日感情の要因として、終戦直後、台湾に逃避した国民党政権の苛烈極まる弾圧政策の反動としての日本統治時代への懐古だとする説があります。また、いまや世界的ブームとなった日本のアニメや文化に対する台湾の若者たちの共感が相俟って世代を超えた親日感情を醸成しているという見方もあります。

一方、親台感情は、同じ日本統治下にあった韓国の執拗な反日的政策、さらに中共政権の台頭と強引な覇権政策等といった東アジア情勢の政治的環境が両国民の心情的接近をもたらしているともいわれます。

親日・親台感情に及ぼした要因には大小の差があるにせよ、いずれもが一要因であることには間違いないでしょう。しかし、両国民の間にみられる信頼感情を生み出した要因として、日本統治時代を生きた台湾人・日本人の先人たちの存在も忘れることはできません。

日本統治時代を生きてきた台湾の先人たちは、当時の日本人と自分たちとの生活について、事あるごとに子や孫に語り聞かせ、子や孫は現在の日本と日本人、そして日本文化に接することによって祖父母を始めとする先輩たちの言説を実感したに違いありません。

台湾で生まれ育った私自身の体験的実感では、現地の先輩日本人たちと台湾人が、台湾という「国づくり」に労苦を共にしてきたこと、それが今日、両国民の根強い親日・親台関係を生み出すベースになっているのではないかと思えてなりません。私が見た大人たちは、偉ぶるでもなく、ただひたすら自分の職務に誠実かつ熱く励んでいた印象のみが強いからです。医師、役人、教師、警察官、駅員をはじめ目にする日本人は、ごく平和に、しかも質素な生活をしていたように思います。

同様の風景は、同じ日本統治下にあった朝鮮半島においても、ごく普通に見られたという体験談を身近に聞いています。

では、台湾の長老たちは日本統治時代に日本人とどのような生活をしてきたのか、何を見、感じ、考え、体験したか。先人たちからどのようなことを聞き、子や孫たちにどのように語り聞かせてきたのか、それらの個別的、具体的体験をありのままの形で記録しようというのが本書の主旨・目的です。

歴史を動かし流れを変えるような偉人については事細かく多くが語られます。歴史の波に翻弄されるばかりの名もない一個人の体験は語られることもなく、記録にとどめることもないまま忘れ去られていきます。

ましてや限られた人数の個々人の体験は、日台関係史全体からみれば微小なかけらにも満たないものかもしれません。しかし、真実は細部に宿るといわれますように、個人的体験という細部にこそ日台史の一真実があるといえるでしょう。

本書にご登場願った長老は85歳から１０１歳までの20人、何らの立場を問わない方々です。同様の個人的体験を紹介したものとしては酒井充子氏による優れた先行類書がありますが、生き方や体験は人それぞれであり、むしろ体験例、エピソードが多いほど歴史の実体を知ることができると考え、上梓した次第です。

いまや日本統治時代を知る台湾人の長老たちは高齢化とともに、年々数少ない存在になっています。彼らの草の根の証言が日本統治時代の社会的雰囲気を感じ取り、実体を知る一助となり、親日・親台感をより強めることに寄与できることを願うものです。

令和元年六月

松本　洽盛

本書に登場する主要な地名

鉄道路線図の駅名および地名は、主に本書に登場する方々の出身地、就学地・現居住地などを示しています。

目次

装丁・長谷川仁／装丁写真・門井啓子

【注】　本書では、国名表記として表紙・カヴァーでは「台灣」を用いていますが、本文では「台湾」を用いています。

I

座談会
むかし「日本人」いま『台灣人』

日本人移民村・鳳林に生まれ、育ち、学んだ最後の日本語世代が、日本統治下の戦中と戦後の時代を、どう受け止め、どう生きたかを振り返る。

【出席者】（年令は平成30年11月の座談会開催時による）

官桂英さん

１９２９年（昭和4年）・鳳林生まれ・90歳。鳳林公学校・花蓮高女・近畿大学卒業。国民小学校教員・同教導主任、国民党花蓮県党部婦工組長、花蓮県婦女会理事長、中華民国婦女会副理事長・同理事長、前国民大会代表委員、国際崇地花蓮社創社社長、花蓮四維高級中学薫事、客家委員会諮詢委員を歴任。台北市在住。

邱顕昌さん

１９３２年（昭和7年）・鳳林生まれ・87歳。旭（鳳林）国民学校・玉里青年学校卒業。終戦後、21歳時に中華民国軍に応召、馬祖島にて軍務に就く。退役後ホテル業経営。桃園市在住。

廖高仁さん

１９３３年（昭和8年）苗栗生まれ・86歳。白川国民学校・鳳林中学・花蓮師範学院初教系卒業。46年にわたり教員・教導主任・校長を歴任。太魯閣国家公園解説主任志工聯合会長・花東縦谷国家風景区解説志工等を経て現・鳳林文史工作協会理事長。「悦讀林田日本移民村」「悦讀日本官営移民村」「悦讀鳳林客家小鎮」ほか編著書多数。鳳林鎮在住。

謝風輝さん

１９３３年（昭和8年）瑞穂生まれ・86歳。白川国民学校・鳳林中学・花蓮師範学校卒業。教員生活を経て花蓮県観光ガイド。花蓮市在住。

司会・松本洽盛

１９３７年（昭和12年）花蓮県瑞穂生まれ・81歳。鳳林国民学校・花蓮港小学校（3年終了）、１９４６年日本へ引揚げ。奈良市在住。

◆鳳林で生まれ、育ち、学び

司会　本日は日本統治時代を知る最後の世代といってもよい皆さんに、日治時代の生活、それも具体的な個人的体験を、エピソードも交えてお話しいただきたいと思います。

みなさんは四人とも鳳林に縁があるそうですが、実は私も瑞穂で生れた、いわゆる湾生で、鳳林国民学校に行っておりました。この中ではいちばん後輩になりますが、同時代に、同じところで育ち、学んだ者としてとても楽しみです。

謝　あなた、瑞穂のどこで生まれたの?

司会　わたしは花蓮港廳鳳林郡瑞穂庄瑞穂10 2番地です。

謝　瑞穂の真ん中だ(笑)。

ボクは瑞穂庄白川(現・富源)、あなたが生まれた瑞穂の一つ手前に白川という駅があったの、そこで生まれた。

司会　早速、本題に入りたいと思いますが、官先生から、簡単に自己紹介をお願いします。お生まれになったのは鳳林でしたね。

官　そう、鳳林、昭和4年生れです。

今年で89歳になりましたけど、台湾では89という数字はよくないから、人に歳を聞かれたら90歳と言っています。

皆さんも鳳林生まれなの?

邱　私も鳳林で生まれました。花蓮港廳鳳林郡林田村二部落が出生地。昭和7年です。学校は鳳林公学校。

官　あら、わたしも鳳林公学校よ。先生は隅田先生、あなたは?

邱　そう、でも、あなたはずーっと先輩、私の姉と同じ歳よ。

官　ずーっと、といっても二つだけでしょ（笑）。わたしは鳳林には公学校の4年生まで。4年生のときに親の仕事の関係で花蓮港の昭和公学校に転校しました。ちょうど花蓮港の港が完成した頃でした。

司会　廖さんは、お生まれは？

廖　わたしは苗栗で生まれました。昭和8年です。

皇太子（平成天皇）がお生まれになった年で、台湾でも各地で旗揚げや提灯行列が行われたそうです。

5歳のときに、父がこちらの杉原産業の農場責任者をやっていた関係で、謝さんと同じ白川に引っ越してきました。学校も白川公学校。公学校の中でも最も古い学校の一つで、昔は蕃人公学校と言いました。あとで国民学校になりました。鳳林は、ここの中学に入ってからです。

謝　廖さんのお父さんは村一番の紳士で通っていましたよ。村の誰に聞いても、「あの人は紳士」って言っていました。

廖　いやいや。あの頃、白川の人口は他の村に比べて多いわりに、学校の先生以外で中等学校を出た人はいなかったからね。父は宜蘭農林を出ていたこともあって、あちこちから引っ張り出されて積極的に動き回っていましたから。

◆幸運だった日本語との出会い

司会　みなさん日本語が達者ですが、初めて日本語に接したのは、いつ頃ですか？

官　わたしは鳳林公学校に入ってから。そのときの校長先生が牧内賢吾郎先生。わたしが4年生で花蓮港の昭和公学校に転校したら、その牧内先生がわたしの学校の校長として転勤して来られましてね。

どういうわけか牧内校長先生が、わたしに語学の才能があると認めてくれて、台湾全土の国語演習会に代表として推薦してくれたのよ。

訓練もしてくれました。

毎朝、校長室で日本語の特訓を受けましたよ。そのあと壇上に立って生徒を前に演説するの、もちろん日本語。おかげで、みるみる日本語が上達しました。

廖　そこで後々に政治家として活躍する素地が養われたわけね（笑）。

官　それはどうですかね。

でも、日本語に自信を持つようになったことは確かですね。そのときの自信みたいなものが、台湾光復後に中国語をマスターしなければならなくなったときにも力になりました。

おかげで、言葉を覚えることでは苦痛を感じたことはありません。日本に行っても、「あなたの日本語は東京弁ですね、日本人以上に正確ですよ」と言われることがあります（笑）。

わたしは花蓮港高等女学校を出たのですが、台湾人の公学校からはなかなか入れない。そもそも受験の資格が厳しい。公学校の教師は、あなた方には女学校に入る資格はありませんよ、なんて言っていましたよ。

そんな中で合格しました。100名のうち台湾人は11名。けれども、わたしと仲の良い友達はみんな日本の方ばかり。だから、日本語しか話しません。みなさん、きれいな日本語しか話さないから、おかげで、わたしの日本語もきれいになったの（笑）。

東京弁ですね、と言われます（官さん）

厳しかったけど熱意もあった（邱さん）

そのときの同級生はほとんど亡くなられましたが、一人だけ今でも文通をしている方がいます。戸田さんといって、地震があったときにはお互いに電話をかけあったりしています。

その方のお父さんは戸田公平さん。台湾におられるときは花蓮港庁の教育課に勤めておられた。確か寿や玉里の郷長にもなられた方です。後年、わたしが日本の大学に留学したとき、6年もの間、住いも食事も世話をしてくれました。公学校から大学までずっと日本語を使う環境にいましたから、

日本語が難しいと感じたことはありませんでした。

邱　わたしの場合は、両親とも日本語が話せませんでしたから、いわゆる「国語家庭」ではありませんでした。ですから、日本語の基本は公学校に入ってから学びました。ただ、日本人の移民村があった鳳林の公学校に5年生までいましたので、毎日のように身近な言葉として接していました。

地主さんも日本人でした。田植えや稲刈りが終わると地主さんを招いてご馳走をふるまうのが習わしで、地主さんは下駄やメリヤス、月桂冠というお酒をお土産に持ってきてくれるの。いちばん喜ぶのはメリヤス（笑）。

移民村の田中さん、横尾さん、柿沼さんといった方々との親しいお付き合いもありました。

毎年行われる林田神社のお祭りでも、日本人の子どもたちとワイワイ楽しんだ。みんな日本語で

すよ。子どもだったけど、公学校で基本を習っていたから、大体わかる。ただ、わたしの部落には佐賀県出身の方が多かったので「バッテン、バッテン」という方言が身に付いてしまった（笑）。

廖　子どもは言葉を覚えるのが早いから。

それに、日本政府は日本語を普及することに相当力を入れていましたね。学校の日本語教育も徹底していました。

また、各学校に日本語を学ぶ「夜学会」というのを作って、学校に行けなかった人や、日本人との交流が少ない女の人にも日本語を学ぶ場を用意しました。

「日本国の台湾人？」かな（廖さん）

黒部ダムには驚いたよ（謝さん）

◆「誉れの家」といわれた「国語家庭」

司会　廖さんは日本語を翻訳したり、著書も沢山出されていますが、日本語は？……。

廖　私の家は、お父さんが宜蘭農林の出身でしたから日本語は上手でした。お母さんも国民学校で6年間勉強しましたから、できます。でも、私が小さいときはまだお婆さんがいて、日本語ができませんから、家では日本語をあまり使っていませんでした。

ですから、公学校に入って国語教科書で「はな・たこ・いと」と読み書きしたのが日本語の始まりです。台湾人の子どもは、学校に入ってから日本語を勉強するのが普通でした。

当時、両親が日本語を話せるとか、日本語を使っている家庭を「国語家庭」と呼んでいました。当局に申請して「国語家庭」の認定を受けると、たとえば物資の配給で有利な扱いを受けた。食料、調味料まで配給の時代でしたからね。

私の家も「国語家庭」の認定を受けました、生き残るためにね（笑）。

邱　わたしの家は、両親とも日本語が全くできませんでしたから、国語家庭にはなれない。

国語家庭は「誉れの家」などと言われていましたね。

司会　でも邱さんは公学校で習っただけで、日本語を上手に話されますし、手紙も書かれる、いつも日本語の本を読まれておられるとか、立派なものです。

邱　いやいや、戦後、日本語とはずーっと離れていましたからね、忘れてしまった言葉が沢山ありますよ。昔のほうがもっと流暢だった（笑）。

わたしが再び本格的に日本語を勉強したのはずっとあと、仕事に就いてからです。

戦後、国民党軍の兵役を終えて田舎に帰ったものの、父の農業を手伝っているだけではカネにならないし、生活は苦しい。これはいかん、と思って、当時、どんどん新しい工業団地ができつつあった桃園の会社に就職したのです。21歳のときです。

その頃は、日本が高度経済成長の真っただ中で、桃園にも日本の会社が工場をつくるため、日本人の技術者が沢山くるようになった。そこで、わたしは会社をやめて友人と二人でホテル業に乗り出したのです。

ホテルには日本の技術者が2か月、3か月と長期滞在してくれます。機械の組立てとか、台湾人への技術教育とかでね。

日本人のエンジニアは、台湾人作業員に説明するため北京語を勉強している。それを見て、わたしは、もう一度日本語を勉強し直そう、と思ったのです。41歳のときです。そのときは改めて、基礎の基礎から日本語を勉強しました。

司会　日本語学校とか塾に行かれた？

邱　いや、行きません、ほとんど独学です。

幸いに、台大出の友人がいましてね、しょっちゅう酒を呑みながら日本語と併せて日本の歴史や文化、地理などを教えてもらいました。それに、日本のエンジニアさんを相手にしますから、そういう人とも付き合う機会が増えて、いろいろな知識、言葉を覚えました。

司会　謝さんは公学校で日本語を勉強されただけですか？

謝　日本語の基本はやはり公学校です。

公学校6年のときに終戦になったあと、鳳林に新設された鳳林中学に入り、2か月だけで花蓮港の成功中学に転校して、そこを卒業して師範学校に進みました。その間はほとんど日本語から遠ざかっていました。

再び日本語と縁ができたのは、師範学校を出て教員になったけど、どうも自分には教職は向いていないと思うようになって、ガイドの試験を受けたら幸いに通った。日本人専門のガイドです。それからまた、日本語をやり始めた。

廖　謝さんは堅苦しい校長先生になるのがイヤだったらしい（笑）。

私が校長を卒業してタロコ渓谷のボランティア・ガイドをやり始めたときにバッタリ会ったのね。

謝　そう、そう、廖さんとは小学校、中学校、教員、ガイドと、行く先々で再会しているね（笑）。

司会　廖さんと謝さんは同学年で同級生だったのですね。

謝　そうです、白川公学校で一緒。

廖　謝さんの席はわたしの前、一番が黄玉錢。昔の出席簿は生年月日順だったから。謝さんは11月生まれ、わたしは12月、黄玉錢は1歳上だから、背が高いのにいちばん前（笑）。

謝　黄玉錢は確か大和だったね。大和から白川まで3・3キロある。彼は歩いて通っていた。

廖　あの頃はまだ大和に学校がなかったからね。4年生の頃にできたから、彼はそのまま卒業までいた。

5年前だったか、創立100周年に行ったけど、同級生も少なくなってしまった。いま連絡取れるのは謝さんと黄玉錢ぐらいよ。仲良しが残った（笑）。

喧嘩もしたことない。わたしは生まれが遅くて、背も小さい、喧嘩しても負けるから（笑）。

でも、先生には可愛がってもらったよ。小さくて、可愛いからね（笑）。

謝さんの家は製材所と精米所をやっていて、よく遊びに行きましたよ、お金持ちだったから（笑）。

あそこには川があって、製材や精米工場で使う水車も持っていた。製材所には台車があって、台車に乗りたくていつも遊びに行った。

謝　白川の南3キロぐらい入ったところにマッシロケという水源地があって、そこから瑞穂と白川の間を通る川に水車を作って動力源にしていたのです。まだ電気がない時代だったから。

戦時中は、あの辺の日本軍の備蓄米を預かっていて、必要の都度、兵隊さんがトラックで精米したコメを取りにきていましたよ。

それから、戦況が厳しくなって花蓮港に石炭が来なくなり、SL機関車が走れない。そこで燃料を薪に替えた。ウチの親父は、白川の山から切り出した木材を薪にして供給していたのです。

そのほかにも、銃座っていうの？　鉄砲を構えるとき胸に当てる部分があるでしょ、あの木材部分も提供していました。当時はほとんどが軍需物資ね。だから、ウチの工場で働く工員さんは、みんな兵役免除です。親父が工員の名前を申請したら免除OKでした。

◆「運動場一周して来い！」

廖　謝さん、公学校の稲田先生、覚えている？

謝　アミ族の先生ね、確か富田の人だった、野球が上手かった。ほかにも松田先生、星野先生という同じアミ族の先生がいたね。

白川の学校は原住民が多かったね、蕃社があったから。蕃社の子は牛の世話とか、鳥や魚を獲ったりで忙しい。学校に行ったら先生に勉強で絞られる、厳しい、勉強はしたくない、それより魚を獲っているほうが楽だし、楽しい。だから学校に来なくなるのが多かった。

廖　1クラスに60人ほどいたのが卒業のときは40人もいないぐらい。家の手伝いとか、勉強ができないとかで、原住民の子が中途退学していくからね。勉強ができないと、先生が厳しいから嫌気がさして耐えられなくなる。

邱　あの頃は勉強も規律も厳しかった。逆に、今は緩すぎる。

廖　確かに今は緩くなっていますね。日本では生徒が少なくなると、閉校したり合併したりするでしょう？台湾には原住民教育法というのがあって、村全体公民の半分以上が賛成しないと、できない。現実には、ほぼできないといってよい。

その結果、地域によっては一クラス3人とか5人といった学校がでてくる。これでは、競争も生まれないし、先生も熱が入らない。教育水準を高めるには一クラス15人以上はいたほうがいいのです。

邱　それでレベルはどうなの？

廖　そういう田舎の学校のレベルは問題です。とくに読み書きの力が落ちています。

今年の5月に、校長先生の査定評価のために、校長OBの委員として、13校に行って6年生にテストをしました。たとえば、教科書から20個の文字を選んで読み書きをさせるのですが、半分以下しかできない不可が5分の2もいました。

やはり基礎教育をもっと厳しくしないといけない。われわれのときは、厳しかったでしょ？

邱　厳しかったけど熱意もあった。できなかったら、「運動場1周して来い！」ってやられる（笑）。

謝　ところで、廖さん、オレ卒業式の覚えがないのだけど、ちゃんと卒業式やったの？

廖　あったよ。あの年は4月から8月まで戦時休校中で、夏休み中の8月15日が終戦。夏休みが終わって学校が再開、翌年の3月に卒業式があった。

ただ、その間に国民党政府が入ってきて、9月入学に変ったので7月にも卒業式をやった。

わたしは4月に花蓮の農学校に進学していたので二回目の卒業式には出ていません。わたしがもらった3月の卒業証書は日本時代のままで日本のハンコ、7月の証書は中華民国のハンコだったらしい（笑）。

謝　いいなあ、オレ、山奥に疎開していたから卒業証書がないのよ。戦争が終わったので山から出てきて学校に行ったけど、もう先生がいない、卒業式も卒業証書をもらった覚えもない。

官　あのときはみんなそうでしたよ。終戦と統治者が代わって混乱していましたから。逆にわたしは高等女学校の卒業証書を2枚もらっています。日本時代の花蓮高等女学校と中華民国の高級中学の2枚。

謝　羨ましい（笑）。

官　わたしは中華民国の高級中学には一日も行ったことがありません。終戦に伴う措置として、旧制女学校卒は高級中学卒とみなす、という特別法令ができたからです。それで高級中学からも卒業証書をもらったというわけです。

司会　わたしも空襲が激しくなった2年生から3年生にかけて、ほぼ一年間休学状態で、一日も学校へ行っていませんでした。だから、九々を習わないまま日本に引き揚げて苦労しました。

◆大きくなったら兵隊さん！、看護婦さん！

司会　ところで、家ではみんな台湾語を使っているのに学校では日本語を覚えさせられる、勉強も日本語ということに対して、皆さんはどのように受け止めていたのでしょうか？　あるいは、両親とも台湾人なのに、「日本人」とされていたことについて疑問とか違和感は？

謝　われわれが生まれたのは日本統治が始まってから40年も経っていますのでね。生まれたときから周りに原住民、日本人がいましたので、とくに違和感なんてない、現実をそのまま受け止めていたように思います。まだ子どもだし、歴史も習っていませんから……。

学校に上がったら日本人の先生に日本語、日本の教科書で日本人として日本の教育を受ける。とくに日本人としての精神教育は徹底していましたから、どんどん日本人意識は強くなりました。

廖　子どもの頃は、素直に日本人と思っていましたね。正確にいうと、台湾で生まれたから「日本国の台湾人」かな。

学校に行ったら日本人としての誇り、自覚を徹底して教えられました。ですから、先生に「大きくなったら何になる？」と聞かれたら、男は全員が「兵隊さん！」って、女の子は「看護婦さん！」（笑）。

司会　日本人の子どもも、みんなそうでした。

邱　歌にもありましたね。

♪ボクは軍人大好きさ
今に大きくなったなら
勲章付けて　剣下げて
お馬に乗って　ハイ　ドォウ　ドォウ（笑）

廖　だから子どものときは、日本が負けるなんて思わない、絶対信じませんでした。

謝　そんな雰囲気だから、少し戦況が怪しくなってきても、誰も言わない。大本営は不利なことは発表しない、隠していたし……。

廖　太平洋戦争が始まったとき、わたしは小学校2年生でした。

開戦当初は日本軍の進撃も目ざましくマニラ陥落とかシンガポール陥落とか続いて、街では旗揚げや提灯行列をやっていました。出征兵士を停車場で見送りました。学校に行ったら落雁をもらいました。軍歌を沢山教えてもらいました。

今でも同窓会では当時の軍歌を歌います（笑）。

謝　当時の軍歌を歌うと、今でも「死んでもいい！」って思うね（笑）。

メロディがいい、作詞もいい。すごく気持ちが高ぶる。終戦30年後でも日本の軍歌のテープを売っていたからね。

廖　そんなふうに、日本時代の軍国主義の教育は徹底していたのですね。

また、当時の台湾総督府が、台湾人を日本人に同化させるために進めた「皇民化運動」、つまり、台湾人の日本人化の政策もありました。危急時には、台湾人も日本人として事に当たる、という精神教育、政策ですね。

それらの結果が志願兵の応募にも表れています。1942年までは、台湾人は兵隊になれませんでした。42年つまり昭和17年に陸軍が、次いで18年に海軍が特別志願兵制度を導入したのですが、募集人数をはるかに超える数の台湾人の若者が応募しています。

◆改姓名は強制ではなく「奨励」だった

司会　その皇民化政策の一環として、台湾人にも日本名を付ける「改姓名」制度については、皆さん、どのように受け止めていましたか？

邱さんの場合は、国語家庭でなかったから改姓名をしていなかったということでしたね。

邱　そう、家も貧乏だったし、条件に合わないから申請もしない。

謝　廖さん、あんたは改姓名あったのじゃない？

廖　私の日本名は高田仁也。台湾名から二文字を取って付けたものです。謝さんは名前変わってなかったね。

謝　変わってない。多分、ウチは日本語家庭じゃないから。なぜ改姓名の申請をしなかったか詳しいことは知らないけど、とくに改姓名しなくても不都合はなかった。

司会　わたしは中学生のときに、台湾では創氏改名といって強制的に名前を奪って日本名に変えさせた、と教師から聞かされましたよ。台湾にいるときに見聞きしたことと、ちょっと違うなと思いましたが。

廖　奨励でしょう。奨励は盛んにしていましたよ。

邱　日本統治を頭から否定的に見ようとする者としては、「強制した」と言うほうがアッピールできるし、話としてもインパクトがある。真っ当なこと言っても、話としては面白くない（笑）。反対に、肯定的に見ようとする者は、いい面だけを取り上げる。

官　統治する側としては、なじみのある名前のほうが管理上やりやすい面もあるでしょう。日本人意識を強化することにもつながる……。

廖　条例をみても強制ではありません。ただ、規則を運用する現場の人間が、どうしても改姓名してほしい者に対して強く要請する、半ば強制に近いような奨励はあったかもしれない。それはそれで問題にする人間はどこにもいますから。勘違いを題ですが、個別的なケースをもって全体を決めつけるのも誤りでしょう。

改姓名制度は、当時の戸口（戸籍）規則の改正によって生まれたもので、日本語が使える人が多い家庭、いわゆる「国語家庭」とか、経済的に一定レベル以上にあるとか、学歴や学業成績が優れているとか、地域の有力者とか、あるいは日本人と同じになりたいという意志が強いとか、いくつかの条件がありました。誰でも勝手に改姓名できたわけではありません。許可制でした。

司会　改姓名した家庭と、しなかった家庭では何か社会的な立場とか扱いに違いはあったのですか？

官　食糧なんかが配給制になったとき、多少多く支給されるとか、特別配給があるとかの特典がありましたね。

邱　改姓名した家庭や日本語を使う国語家庭は「誉れの家」と呼ばれていましたね。ある種のステータスになっていた。

廖　当時、台湾人の多くは「日本人」になりたかったと思いますよ。配給は増えるし、日本が負けるなんて思っていないのですから。

「オレはあのとき負けると思っていた」などと言うのはみんなウソ。

改姓名をするには条件がありましたが、同時に、政府は盛んに奨励していました。

日本政府は、台湾人を本当の日本人に育てましょう、台湾人の子は公学校、日本人の子は小学校に分けているのは差別だから国民学校に一本化しましょう、と変えました。あのときの政府の考えは、台湾人はホントの日本人になりなさい、そのために日本語を使いなさい、日本の着物を着なさい、どんどん内地に留学しなさい、日本名を持ちなさい、というものでした。

それが終戦で中華民国になったら、日本語、福建語、広東語は禁止、北京語を使いなさい、に代わった。

しかし、鳳林のような田舎ではあまり守っていませんでした。私の学校でも、教員室では広東語、部屋を出たら下手な北京語（笑）。

司会　改姓名した人はどのくらいおられたのでしょうか？

廖　約4万家庭があったそうです。

鳳林でも改姓名した人は多いですよ。ウチの隣りも武田という苗字です。李登輝さんも改姓名していますね。

司会　改姓名したために戦後になって不利な扱いを受けたというようなことは？

謝　印象が悪いというので、隠す人が多かったね。

廖　改姓名した人は「3本足の犬」と言われました（笑）。

なぜなら、台湾人は陰で日本人のことを犬、大陸人を猪（豚）と言います。だから、改姓名した台湾人は〝半分の日本人〟ということで「3本足の犬」と呼んだのです。日本人と親しかった人も3本足の犬。

また、片方の親が日本人の場合は「イッポン（1本）人」と悪口を言われた（笑）。

◆父は軍需物資を受け取れなかった

司会　鳳林に隣接する平林、豊田、寿、吉野といった村々は官営・民営移民の日本人が沢山住んでいたところです。なかでも鳳林は客家人が多く、鳳林蕃社という原住民部落もありました。そういう異なる文化文明を持った人々がどんな交流をしていたのでしょうか。

皆さんが生まれたのは日本統治が始まって40年を経過していましたので、異文化による衝突、混乱といったようなことは少なかったと思いますが、では、どのように融合していたのか、子ども時代にお気づきになったことを聞かせてください。

謝さんは、白川から鳳林に越されてくる前は白川の山奥に疎開されていましたね。なぜ、鳳林に来ることになったのですか？

謝　一言でいえば空襲と終戦です。

山奥といっても白川の山だから、麓の瑞穂、白川、大和、上大和が見渡せます。上大和の製糖会社、あの辺では、大きな工場があそこぐらいしかなかったから、それを目がけて毎日のように空襲がありました。

司会　私も上大和と川を隔てた農会地に住んでいましたから、その爆撃は知っています。製糖会社を爆撃した勢いで、われわれの村を襲うのです。水牛や馬など、目についたものを狙い撃ちしていたみたいでした。

謝　それから、列車もやられる。

白川と上大和の間は坂になっているでしょ、だから汽車が遅いのよ。米軍機がそれを見つけると、6機とか8機編隊が縦1列に並んで順番に機銃掃射をかける。撃った奴はまた、ぐるりと回って後ろにつく。それを繰り返す。それを山の上から見ていましたよ。

邱　あそこには飛行場があったでしょう？

謝　上大和ね。でも、今みたいな大きな飛行機がない、戦闘機だけ。だから滑走路が短い。それに、空襲が始まった頃からは、日本の飛行機はほとんど飛んでいなかった。だから、アメリカの爆撃機が1機でやってきて、爆弾落として悠々と帰って行った。日本はもう戦闘機もないし、まったく抵抗のしようがなかった。

司会　空襲で家が焼かれたのですか?

謝　いや、工場が少しやられただけです。それよりも終戦です。

終戦になって親父も日本軍が引き揚げて工場の仕事がなくなったので、工場を閉めて、親父の兄弟家族みんなで鳳林に引っ越したのです。隣りの豊田にも製材所を持っていましたから。

そのとき、親父は仕事を通じて日本の兵隊さんと親しくしていたから、いろんな物資をトラックいっぱい積んで持ってきてくれた。軍隊は解散して、もう物資が必要なくなったからね。でも、親父は受け取らなかった。「怖い」といってね。親父は日本の人と同じよ、正直、悪いことできない(笑)。

家とか土地もらった人いっぱいいるのにね。あとで、馬鹿だったなあって思ったけど、もう遅い(笑)。

そのあと、鳳林に新しく中学ができたというので、そこに入った。鳳林中学、そこでまた廖さんと一緒になった。

◆移民村・林田村と客家人

司会　廖さんも白川から鳳林に転居されていますが、どうして?

廖　白川の公学校を終戦の翌年、昭和21年3月に卒業して、花蓮港農林学校に入りました。当時、花蓮港まで汽車で3時間半、とても通学できません。学校の寮生活です。

農林学校は一学期だけ。ちょうど新しくできた鳳林中学に再受験して入りました。中華民国になって学校制度が9月入学に変わったときです。

鳳林中学には寮がありません。その年に大きな台風があって、白川の我が家が倒壊した。それならいっそのこと、一家で鳳林に引っ越してしまおう、ということになったのです。

司会　邱さんは鳳林の二部落に住んでおられたのですね。

邱　7歳で鳳林の公学校に入って5年生までいました。

鳳林には一部落から三部落まであって、二部落の家から一部落を通って鳳林の町にある学校に通いました。

昭和19年の台風で家が倒壊したので、玉里に家を建てて移りました。客人城というところで、学校は玉里の旭国民学校に転校しました。

司会　すると鳳林は、今も住んでおられる廖さんがいちばん長い。

廖　白川の田舎から鳳林中学に入って以来ですから72年になります。

あなたが言われたように、鳳林には客家人が沢山住んでいます。わたしも客家人です。

日本人移民は客家人より先に入植していました。当初は日本人も陸稲や甘藷を作っていましたが、台湾人と同じ貧乏な農業では面目ないというので、政府は殖産事業の一つとしてタバコ栽培を奨励しました。タバコ栽培は日本人だけに認められていたのです。

たばこ栽培には多くの労力が必要です。タバコを植える、葉を摘み取る、乾燥させる、それらの作業は移民の夫婦二人だけではできません。大きな乾燥室一棟分の葉を一日で取らなければなりません。一度にたくさんの人手が必要です。

そのため移民村では沢山の人を雇います。誰を雇うかといったら、台湾人か原住民になりますね。その結果、移民村の隣りには台湾人の部落ができます。しかし、同じ台湾人でも福建人は仕事が苦手、原住民は酒を呑んで休むことが多い、当てにならない。客家人は、商売は苦手だけど伝統的に教育熱心で勤勉。だから、日本人が好むのは客家人でした。

このように、鳳林に客家人が多く集まったのは、日本人移民村の存在と大いに関係があるのです。

謝　鳳林は、商売が苦手な客家人が多いから商店が少ないわけよ（笑）。

廖　その通り、買い物好きには合いません（笑）。

謝　日本人移民村に働きに来ていた原住民は日帰りだったのかな？

廖　忙しいときはその家に泊まります。泊まっているときは、同じものを食べて、同じ生活をします。自分の家族みたいに世話をします。

体験記を読むと、当時の日本人移民は台湾に骨を埋める覚悟で来ています。とくに東台湾の人たちが日本人に懐かしい思いを抱くのは、日本人に雇われ、労苦を共にしたという運命共同体の心情があるからだと思います。

司会　わたしの家も農会地でタバコ栽培をしていましたが、繁忙期には7、8人のアミ族の女性がグループで来ていました。隣りの上大和（現・光復）から日帰りでしたけど。

廖　そう、グループ毎に仕事先が決まっていて、年長者に人数を確保するまとめ役になってもらうのです。

邱　当時、原住民を自分の家に泊めて、一緒に同じ食事をするなんて、まず考えられないことですよ。それを普通にやるのは、お互いに信頼し合っていたからでしょう。

それで思い起こすのは、買い物のお遣いに行くときに持たされた通帳です。家にある通帳を持って行けばなんでも買えた。たとえ子どもでも、店のおじさんが記入して品物を渡してくれる。通帳は店が出します。

支払いは年に二回ぐらい、まとめて払えばいい

旧移民村の現在

今も残る旧移民村の警察派出所跡

鳳林鎮客家文物館

から、普段はおカネがなくても心配しなくていい。とにかくあの時代は、信用と信頼で成り立っていたように思います。お互いが信用、信頼していた。

廖　今はツケのきく通帳がありません。

邱　使いません、信用ないからね（笑）。

官　治安もすごくよかった。日本時代は規律、信用、治安がしっかりしていました。

廖　そう、治安がいいから、移民村の家は鍵をかけていませんでしたね。

移民村の人は忙しいから、日曜日も農作業に出ます。町まで買い物にいく時間がない。すると、町のお店の外商が留守宅に「ごめんください！」って入って、置いてある籠に昨日の注文品を入れる。籠の中にある通帳に記帳して、新たな注文品のメモを持って帰る、そんな時代でした。

邱　鳳林に移民村ができたのは大正の始め頃でしたか？

廖　そう、大正3年です。

邱　当時、もう水道がありましたね。電気も通っていた。タバコ、マッチ、酒、調味料、薬、下駄、メリヤスなんでもあった。日用品はみんな通帳で買えた。

廖　あの頃、町の子は移民村にお遣いに行くのが嬉しかったものです。移民村のおばさんがみんな優しくて、親切にしてくれるから。

移民村の子どもたちに、

「庭にある柿でもザクロでも好きなものをとっていきなさい、黄色いのは虫がついているからやめときなさい」

って言われたことがある。日本人は柿が好きですね、移民村の家には必ず柿の木があった。

官　柿の木は綺麗だからね。

邱　わたしも親の遣いで台湾餅を届けに行ったら、お返しに、おばさんがザボンと柿をどっさり持たせてくれたことがあります。

廖　心に余裕があったというか、みんなが落ち着いていたように思いますね。

司会　みなさんのように悪いことをしない人にとっては治安が良いと思うでしょうが、悪いことをする人間にとっては厳しい時代だった。

邱　そう、悪いことしなかったら、警察も優しい、可愛がってくれる。でも、悪いことしたら大変。とくに食糧などが統制、配給時代になったときは、闇で豚殺しや鶏泥棒なんかすると、ひどく殴られる。それから博打も……。

泥棒といっても小さい泥棒よ、せいぜい鶏とか野菜を盗むとか。大きい悪いことといっても豚殺し程度。

官　日本時代は今のような大きい犯罪はありませんでした。

◆「日本精神」「尊徳精神」は残っているか

司会　日本人が持ち込んだもので、今でも残っているもの、根付いているものはありますか？　形のあるものと目に見えないものがあるでしょうが……。

謝　目に見えないものの代表は〝リーベンシェンシシン（日本精神）〟。正直、勤勉、誠実……。

廖　ない、ない、ない！　台湾には根付いていない（笑）。

謝　日本時代にやったことをみると、日本は徹底的にやる。やるといったら、やる。そういう精神は今の台湾には、ない、ない。もう、初めからない！

（笑）。

司会　「日本精神」と言っていただくのは嬉しいですけど、わたし自身はどうも日本人じゃないようです（笑）。

廖　日本人自身としては、「へえ、そうかなあ？」と思うでしょう。

また、時代も環境も変わりましたからね、仕方ない。日本時代の日本人は、いわゆる「日本精神」は当り前、それが普通、という人が多かったということでしょう。

謝　今度もオリンピックと万博やることになったでしょ。その前のオリンピックは１９６４年？　終戦から20年も経っていないのに、やれる。一度はボロボロになった国なのに見事にやってしまう、日本はすごいよ。

廖　民族性ですね、台湾とは民族性が違う。

謝　いちばん驚いたのは１９６３年でしょう？　黒部ダムを見たとき。あれができたのは１９６３年でしょう？終戦からたったの18年だよ！　日本経済もまだまだ立ち直っていない、国民の暮らしも貧しいとき、あのときのカネ莫大ですよ。

廖　とにかく国の経済、産業を立て直さなければ国民の生活もよくならない。それには何よりも電力が必要、そのためにダムをつくらなければならない、それまでは日本人は我慢する。

謝　現場を見て、ホントにすごいと思ったね。日本人は、やっぱりすごいよ。

司会　ちょっと褒めすぎじゃないですか（笑）。

廖　台湾ではあんなこと、できません。

謝　できない、できない！（笑）。

廖　ここの道路ね、５キロ舗装するのに２年かかりました。橋を修復するだけで２年かかります。

とにかく遅い。

日本は早いでしょ。責任感があります。わたしはいつも大臣を見ています。日本では、間違ったらすぐ辞めます。台湾の大臣は謝りさえしません（笑）。

謝　与えられた境遇で黙々と責任を果たす、寸暇を惜しんで勉学に励む、という二宮金次郎の精神が身についていないのよ。

廖　二宮金次郎、われわれの学校時代によく教えられましたね。

邱　各学校に二宮金次郎の像があったよ。

謝　今でもありますよ。

わたしは日本に行ったとき今治にある二宮神社を訪ねました。どんなところで育ったのかな、と思ってね。

司会　日本のある地方では、薪を背負って本を読んでいる金次郎の像を、椅子に座らせた像に造り直して話題になったところがありました。今はスマホ時代、本を読みながら歩くのは危ないからという反対があって造り直したらしい（一同爆笑）。

謝　ウチの親父ね、日本人が引き揚げたあとに、すぐタバコ栽培始めたのよ。それまでは日本人しかタバコ栽培認められなかったでしょ、だから、チャンスだと思ったのね。

タバコ畑と大きな乾燥棟も作った。でも失敗した。なぜ失敗したか？要するに日本人と中国人の違いよ。

乾燥したタバコの葉を検査して1等から7等に分ける。チェックに来た役人は賄賂を要求する。賄賂あげたら、みんな1等、2等になる（笑）。

そうなったら品質はバラバラ、評判と信用は落ちる。

賄賂あげなかったら下のほうの等級しかくれない。安くしか売れないから利益がでない。それでダメになった。

日本精神というか、正直な人はみんな損をする社会になってしまった。日本時代は信用をいちばん大事にした。その信用を維持するために少しでも良いものを造ろうと頑張る。

今の台湾は儲けが一番、作れば作るほど品質が悪くなる。

◆**日本人が残した名物とおにぎりと運動会**

謝　東台湾の名物にも日本人が残していったものの多いね。

花蓮港の芋、寿の寿司、白川の餅、玉里の羊羹、池上の弁当、この5つが有名。今でも威張ってるよ（笑）。

今は花蓮でも花蓮餅を売っているけど、昔の白川餅とは味も質も違う。白川餅は遠藤さんという方がつくっていた。

司会　わたしの大好物の干しバナナ、あれも統治時代に日本人が造り始めたものだと、台湾の人から聞きましたが、こちらの人はあまり食べないようですね。

謝　美味しい生のバナナがいくらでもあるから（笑）。

邱　白川餅はもうないね。
寿の寿司も日本人が来て吉野米が開発されてからでしょう。台湾米では粘りがないからパラパラして握れないよ。

廖　そうです。おにぎり、おむすびも同じですね。

台湾には握り飯はありませんでした。アミ族にはもち米でつくったハッハという握り飯がありますす。それをバナナの葉に乗せて、糸で切って食べる。祭りとか宴会では必ず出ます。アミ族の子は学校の運動会によく持ってきていました。

官　運動会もラジオ体操も日本人が持ち込んだ文化ですよ。

廖　わたしが小学校の頃は、各部落毎にラジオ体操をやっていました。子どもも大人もお年寄りもみんな集まってね。

しかし、ラジオ体操と言いながらラジオがない（笑）。

だから、青年がリーダーになって号令をかけながらやっていました。

謝　運動会は面白かったなあ。

邱　日本人移民村の運動会は賑やかだったよ、運動場は広いし、父兄がみんな来るから大イベントだった。

廖　鳳林の移民村は古いから、まだ広い土地がありましたのでね。

移民村では運動会がいちばん賑やかな行事でした。グラウンドに生徒、その周りに父兄が家庭ごとにゴザを敷いて、運動場をぐるっと取り囲みます。また、その周りには父兄たちが乗ってきた牛車がいっぱい、西部劇と一緒です。牛車は当時のマイカーです（笑）。

当時を知っているお年寄りに運動会の印象を聞くと、「広い芝生の運動場と観衆と牛車」だって（笑）。

町の学校や公学校には牛車は来ません。運動場も広くない、マイカー（牛車）も持っていない（笑）。

アミ族は運動会が大好きです。もともとお祭りが好きだから、みんなに会えて、酒を呑んで、ご飯食べて、そのうえご褒美がもらえる。彼らにとっては、1年に1回の楽しみでした。

日本人も同じ。家族揃ってゴザに座って、美味しいもの食べながら話すのが大好き、原住民に負けないぐらい好き（笑）。

日本人の地鎮祭を見てもわかります。

移民村の地鎮祭は立春と立秋の年2回ありました。前日には祭壇を綺麗に掃除します。灯をともして、収穫した大根やネギ、茄子といった野菜、それに米を供えます。

台湾人の場合はニワトリとか豚肉とか、肉です。

日本人は、お祓いが済むと、そこにゴザを敷いてみんなで酒を呑みます、歌を唄います。花見と同じです（笑）。

司会　日本の地鎮祭でも、最近はあまり見かけなくなりましたよ。

廖　台湾人の父兄は、運動会にあまり熱心ではありません。弁当も持って行かない、だから、少し見てすぐに帰るのが多い（笑）。

司会　公学校の運動会ではどんな競技種目があったのですか？

廖　ほとんど日本の学校と同じですよ。徒競走やリレー、ダンス。鳩をザルに入れて飛ばしたり、おじゃみを籠に投げ入れる競技もありました。それが、戦時色が強くなると兵隊ごっこみたいな感じになって、棒倒しとか帽子取り、最後は必ず騎馬戦でした。

謝　子どもは騎馬戦が大好きでしたから。

廖　運動服も男の子は白いシャツとパンツ、女の子はブルマーに白いシャツ。帽子、鉢巻きも赤と白。

これが国民党時代になると青と白に変わった。赤は大陸の色になるからです。

邱　父兄参加の競技もあったね。

廖　ありましたね。

昔は父兄の部落対抗リレー競走や綱引きもありました。それも戦後はだんだん変わってきて、ひと頃は毛沢東の藁人形を作って槍で刺したり、藁人形の中に爆竹を入れて点火する、といったものもありました。それも1人1個ずつです。

邱　蒋介石の時代ですね。

廖　内戦が始まってからですね。

◆運動場は芋畑に、授業はヒマ植え作業に

謝　運動場が芋畑になったのは空襲が始まって学校が休校になってからでしたか？

官　そうです。もうその頃は空き地という空き地はほとんどが耕されて農作物をつくっていましたね。

廖　主食代わりになる芋やかぼちゃが多かった。長持ちするし輸送もしやすいから。

戦争末期に入ると食糧だけでなく、軍事用品に代用できる木の根や皮、草などの採集に駆り出されました。

謝さん、覚えていますか？　学校でヒマ（ひまし油をつくるトウゴマ）を植えさせられたの。

謝　覚えているよ、神社の前に水路があって、その畝に植えた。一人2株ずつだったかな。

廖　そう、草を引いて、饅頭のような土盛りをして、種を蒔いて、水をやり、間引きをする。

あるとき先生が「誰のヒマが一番伸びたか測ってみよう」ということになった。なかにズルいのがいて、植えたヒマを引っ張って背を高くした。帰るときになって、それが萎びて枯れてしまった。先生が怒って「誰がやったか?」って。みんな黙っていたら、「団体制裁」だといって、ヒマ植えたときに立てた竹ひごを抜いてきて、一人2発ずつ叩かれた。

官 よく覚えていますね(笑)。

廖 覚えていますよ、足が充血したもの(笑)。ずっと後になって聞いたら、ズルをした犯人はコウフウライ。卒業して30年後にわかった(笑)。

謝 コウフウライだったのかあ……もう遅いわ(笑)。

それからオラボデンカという植物、覚えている? 皮を乾かして繊維にするの。

廖 石で叩いて繊維状にしてね。紡績の原材料にした。あれも国策作物だった。

あと飛行機草。成長が早くて、実が多い。実が開くと落下傘がついていて飛んでしまうから、開く前に取る。

あの実を戦地で蒔くのだよ。成長が早くて、すぐ大きくなるから野菜代わりに食べるのです。飛行機で蒔くから「飛行機草」といっていました。台湾では、昭和時代に来たから「昭和草」と呼ばれるようになりました。

邱 大紅草ともいいますね。

廖 そう。もちろん、野菜ではありません、草です。子どもの頃はこれを取りに行くのが楽しくてね、野原で遊べるから(笑)。

◆「校長先生の名産地」はなぜ生まれた?

司会 廖さん、先ほど花蓮芋とか玉里羊羹といった名産物の話がでましたが、〝鳳林は校長先生の名産地〟と聞いていています。あれはどういうことですか？

鳳林育ちは校長先生に向いている……（笑）。

廖　鳳林出身者に校長先生が多い理由にはいくつか考えられますが、その一つは先ほど言いましたように客家人が沢山住んでいること。客家人は貧しかったこともあって、昔から教育熱心です。客家には親に孝、国に忠という教えがあります。要するに、一等の人間になりなさいということです。

それから客家は二つの仕事があります。一つは農業、一つは教育です。どの家も家族の祠堂に書いてあります。そんな環境の中で育っていますから、ここの子どもはみんな勉強が好きです。

客家人は商売が苦手で貧しかった。だから親は言います。勉強ができるなら師範学校に行きなさい、できなかったら仕事しなさい。仕事は、土地があったら農業、なかったら弟子になります。散髪屋、建築、裁縫の弟子です。勉強が好きでない子どもはほとんどが農業をやっています。

司会　鳳林では、客家人の家庭がどのくらいの割合を占めているのですか？

廖　客家は60《パーセント》、福建が30《パーセント》、原住民が10《パーセント》といった割合です。

司会　客家の子どもは師範学校を出て先生になるのが目標になっていたのですか？

廖　いや、経済的な余裕がない客家の子には、上の学校に行って勉強しようと思ったら、それしか道がなかったのです。師範学校は、学費も食事も寄宿舎もすべて公費ですから、ほとんど親に負担がかかりません。

もちろん経済的に恵まれている子どもは、中学から大学に進学することもできます。しかし、すべての費用が自己負担ですから、ほとんどの客家の家庭では望めません。

それに、鳳林近辺には花蓮港にしか中学がありませんでした。鳳林から花蓮港までは、汽車で2時間半もかかりましたから、通学も困難でした。

結局、わたしのように貧乏な家庭の子は師範学校に行くしかない。そういう家庭が多かったから師範学校の競争が激しい、学生のレベルも高い、真面目に勉強するから教師の質も高い。

司会　その難しくてレベルの高い師範学校に、鳳林のこどもたちが沢山入るわけですね。

廖　そうです。わたしが19歳で鳳林の学校で6年生を受け持ったことがあります。ここで14年間の間に6回の中学（旧制）受験の指導をしました。一般の学校では平均的な合格率が50～60％のところ、鳳林は90％をとっていました。

鳳林の学校では、不合格だったこどもは全員、7年生として6年生のクラスに配分、さらに1年間指導しました。翌年にはほぼ全員合格します。2年間を足すと合格率100％です。

彼らの多くが中学、師範学校を経て教師になり校長先生になっているのです。

司会　師範学校を出れば誰でも教師にはなれますが、校長先生になるのは限られるでしょう？

廖　もちろん、そうです。ただ昔は、先輩の校長先生が後輩の教師にいろいろと指導をしてくれました。校長試験を控えた後輩教師に資料を提供したり、受験指導をしたりしました。資料は沢山ありました。指導も、「試験の答案を書くときはどんな色のインクがいいか」、とかね（笑）。

そんな細かいところまで指導したものです。

鳳林にはすでに校長ＯＢが沢山いましたが、そういう仕組みがあったから「校長先生の名産地」になった（笑）。

司会　今でも校長先生の輩出率は高いのですか？

廖　残念ながら、時代の流れで平均的なレベルになりました。

昔に比べて豊かになったから、師範学校以外の普通の高校、大学に進む子どもが多くなりました。大学も増えました。当然、進路も多様化しました。

さらに、そうした一般の大学にも教職免許を開放したのです。その結果、他に職が見つからないから先生になる、という教員がでてくる。師範学校時代のときは「立派な先生になり、校長になる」といった心構え、使命感が強かったけれど、今は希薄になった。

優秀な人材が集まらないから先生の水準も下がる。教育内容も落ちてしまいます。

台湾では、１９６８年に学制改革が行われて義務教育が９年間に伸びました。国民中学が設けられたのです。ますます先生が足りなくなった。本当は、中学の先生は大学出がよいのですが、そのときは、どんな専門学校出でもよかった（笑）。

謝　光復後の師範学校にはひどい先生がいたよ、中国から来た兵隊さん！

あの人たち、「師訓班」といって、退役したあと仕事がないから数か月間訓練して派遣されてくるのですね。もともとろくに学校も行ってない。ただ退役軍人の仕事をつくるためだから、教える学校はどこでもいい。そんなのが先生だから、われわれ生徒は大変でしたよ。中国大陸広いから言葉が違う、共通のところがあっても訛りがひどい、何を言っているのかよくわからない。

廖 終戦後でね、日本人の先生はみんな帰ってしまいましたからね、先生が足りないでしょ。だから、あのときは小学校高等科出ただけで先生になれました。高等科というのは小学校出て2年間勉強しただけ、初級中学卒のレベルですらない。今の年齢だと14歳かな。

そんな時代もありました。

謝 ボクも家が破産しておカネがなかったから師範学校に入ったのだが、途中で専門学校になったよ。

廖 当時は、初級中学を卒業したら師範学校を受験できました。

師範学校には簡易師範と普通師範があって、簡易師範は小学校の卒業生をとって、4年間勉強します。卒業生はほとんど田舎の山地教師として派遣されます。ですから、あの頃の花蓮港師範学校の簡易師範の生徒には原住民が多かったのです。

いずれにしても若い先生ですよ、17歳ぐらいですからね。

その後、先生の水準を高めるために簡易師範は廃止され、普通師範も2年伸ばして専門学校になり、さらに専門学校は2年伸ばして大学になりました。

わたしもその専門学校でも学びましたが、結局、普通師範で3年、専門学校で2年、大学で2年勉強した形になり、それで大学の学位をもらいました。

謝 ボクは大学行かなかった。おカネがなかったからね。

廖 わたしも師範学校出た当時はおカネがなか

ったから、推薦受けたけど、行けませんでした。大学に入ったのは、ずっとあと、もう60歳近かった（笑）。

官　向学心旺盛でしたのね。

廖　わたしの同級生で大学院に行ったのがいるけど、わたしが定年になったとき、彼はまだ卒業していなかったよ（笑）。

◆鳳林に「校長夢工廠」あり

司会　「校長先生の名産地」といわれる背景はわかりましたが、町の中心部に「校長夢工廠」という建物がありますね。とても珍しい名称ですが、どういうことから生まれたのですか？

廖　あの建物は当初、鳳林支庁長の宿舎として建てられたものです。その後、鳳林は郡になり、戦後は鎮になったのですが、鎮長は別に宿舎があるので、今までの宿舎を中学の校長宿舎として提供したのです。

校長の宿舎として使われていましたが、自分の家を持つ校長がいたりして、いつの間にか住まなくなった。空き家のまま放置していたら草深い藪になった。さてどうするか、校長たちが相談した結果、記念館にしようということになりました。

ちょうどその頃、政府、台湾の文化庁みたいな機関が文化館の設置を奨励していたのです。設置には、古い建物を利用すること、地方の特色を展覧すること、という二つの条件がありました。早速、その計画に乗ろうということになった。

さて特色はどうしようか。

鳳林は客家人が多く住んでいることで知られていますが、すでに立派な記念館がある。それでは校長先生の記念館はどうか、となって鳳林籍の校長先生の調査をしたら、こんな小さな田舎町で80数名もいました。輩出率は台湾で断然トップでした。

名前はどうするか。いろいろ出ました。「校長の家」、これ平凡でダメ。台湾には「野良犬の家」というのもあるし（笑）。

結局、イギリスにあるという「夢工場」を真似て「校長夢工場」と名付けたのです。台湾語で「校長夢工廠」と言います。意味は誰もわかりません（笑）。

わからないから、いい。来てみたら、わかる。「一度見に行きましょう」ってなるでしょ。鳳林には日本時代のものがたくさん残っています。みなさん、是非一度、お越しください（笑）。

◆復元された移民村のシンボル・林田神社

司会　日本時代の形のあるものとしては、神社も代表的なものじゃないですかね。村には必ずといってよいほどありましたし、移民村では、まず最初に神社を建てたといわれています。

台湾人にとって神社はどんな存在だったのでしょうか？

廖　花蓮港でいちばん古いのは吉野村の吉野神社で１９１０年です。それから花蓮港神社、豊田神社、林田神社です。この4ツが古い。あとは大正末期から昭和になってからですね。

最初は移民村にしかありませんでした。あとから日本人が沢山来て町ができてから増えていきました。

司会　そのように地域の中心的な文化財あるいはプラザとして使われていた神社も、国民党政府になってからは日本色を抹消する対象になりましたね。

邱　神社は、戦後、日本時代の思想、精神を賞揚するシンボルとして悉く廃棄する第一の標的にされました。そのため、ほとんどが忠烈伺や廟、お寺に変わりました。わたしの住んでいる桃園神社も忠烈祠になっています。

ただ、神社の総本山である台湾神社だけは、あの有名な圓山大飯店になった。

廖　圓山大飯店の場合は、例外中の例外でしょう。大部分は忠烈祠か廟、お寺あるいは鳥居のない神社跡として放置されたままになっていました。

官　花蓮県でいちばん大きな花蓮港神社は忠烈祠ですね。場所もいいし、施設も立派だから壊すのは勿体ない。

謝　豊田神社の場合は廟だね。あそこは、鳥居は撤去されたけど狛犬は残されている。台湾の廟は中国伝説の獅子か麒麟です。だから豊田神社は、外に狛犬、中に獅子（笑）。

廖　鳥居は一部を除いてほとんど残っていません。残っているのは新城、落合、玉里などです。若干手を加えて残しているところもあります。

司会　その後復元されたものもありますね。この林田神社も立派な鳥居ができたし、鹿野神社は本殿も復元されています。

林田神社が復元されたのは２０１４年、よく開発されずに残りましたね？

廖　台湾人の神社仏閣に対する信仰心が強いうえに、当時の国民党政府は、台日断交に反発して、神社を壊して荒れ放題のまま放置する作戦で抵抗したのです。林田神社の場合も鳥居や本殿は壊しました。しかし、それ以外は放置したままにしていました。

放置されたままの神社の敷地が全く浸食されなかったわけではありません。敷地は今の面積よりもずっと広いものでした。

戦後の一時期、空き地や荒れ地を開墾したら政府から安く払い下げられるという政策もあって、神社の周囲が開墾されたり住宅が建てられたりして、今の広さになったのです。

どうにか本殿跡や周囲の玉垣、参道が残ったのは、台湾人の信仰心のお蔭かもしれません。台湾には昔から〝神社仏閣などの神様、仏様が祀られていた場所には人間が住んではいけない、それを犯すと大きな祟りを受ける〟という信仰があります。

そういう信仰心があるから、空き地のまま放置しても特に問題にはならなかったのです。

司会　復元しようということになったのは？

廖　林田神社はなんといっても日本時代の「官営移民村・林田村」のシンボルです。今のこの地域は、その官営移民村・林田村の面影がそのまま残っているようなものです。

そんなわけで、「官営移民村・林田村開村100年」を迎えるのを機に、「開村100年記念事業」をやろうということになって、推進委員会を立ち上げ、林田神社の復元、開村100年記念碑の建立、それに100周年記念誌の刊行を当局に提案したのです。

100年記念祭りを盛大にやろうという案もありました。移民の人たちを招いて記念式典を行い、酒を呑んだり餅を配り、歌ったり踊ったりするのも楽しいでしょう。しかし、それが終わったら何も残らない。神社を復元したら、いつでも人が来て見ることができる、日本人も来てくれる、歴史もわかる。

　予算も限られるので本殿の復元までは至っておりませんが、とりあえずシンボルの鳥居を復元して周囲を綺麗に整備して記念碑を建立した意味はあると思います。

　復元作業には地元の人たちをはじめ広くボランティアを呼び掛けて、深い藪になっていた神社の萱、雑草、雑木の伐採をしました。

　いま20メートルを超える大木が本殿の周りを取り囲むように聳え立っていますが、それは野鳥が運んで来た種が70年の時を経て育ったものです。残念な

鳳林は校長先生の名産地とも言われる

林田村開村百年記念碑

復元された林田神社の鳥居

がら本殿と拝殿は朽ち果ててありません。石段が残っているだけです。周囲の玉垣は昔のまま復元しました。神社のシンボルである鳥居、参道の石畳は新装復元しました。

参道脇の広場には日本の桜を植えました。ただ、この桜、気候風土の違いか、花を咲かせるまでには成長してくれない。それだけが残念です（笑）。

◆ひもじい思いも先人の苦難を思えば……

司会　皆さんは日本統治時代の末期、つまり戦争と終戦、統治者の交代という混乱期に生まれ育った、最も苦労した世代ではないかと思います。

邱　確かに空襲の恐ろしさや、ひもじい思いもしましたが、いちばん苦労したのは私たちより上の世代じゃないですかね。われわれは同じ日本時代を知る最後の世代ではありますが、兵隊に行く寸前で免れ、こうして生き延びているのですから。

官　戦争が8年も続きましたからね。でも、戦争の前は平和で豊かだったのですよ。歌にもあるじゃないですか。

♪揺れるひかりだ　緑の風だ
南風そよ吹きゃ　豊かな穂波
米は二度なる　甘蔗は伸びる
名さえ蓬萊　寶島
台湾楽しや　良いところ～……。

廖　「台湾楽しや」ですね。この歌、ずいぶん歌われたね。

確かに、戦争末期、太平洋戦争が始まってからは辛かったけれど、その前の十数年は、とてもよかった。支那事変の頃も戦争の実感がなかった。

当時はまだ子どもでもあったし、支那が弱かったからでもある（笑）。

太平洋戦争はアメリカが強すぎた（笑）。

謝　われわれの世代はまだ子どもでしたから、空襲の怖さや食糧不足の辛さはあったけど、それも戦争後半の2年ぐらいでしょ。大人になっていた上の世代のような不安感、悲壮感はあまり感じなかった。戦争でなにもかもが不足しているのに、泥棒もいなかったし、今より治安がよかったでしょ。

廖　苦労も中身は時代によって異なるでしょう。日本時代といっても50年、われわれが体験したのは最後の10年です。昔のことは親から聞いたことぐらいしか知りません。

東台湾には農業移民が多かったわけですが、日本人が開拓移民としてやってきた頃の苦労は、もっと大変なものだったようです。

移民者には政府から土地を与えられたとはいっても、藪と石ころだらけの荒れ地。食べるものといったら毎日芋ばかり。しかも、日中は共同溝などの工事に駆り出されるから、自分の田んぼを耕す時間さえない。仕方ないから、真っ暗闇の中、手探りで石ころを拾い、雑草を刈り、畑づくりをする。毎日毎日、真夜中まで夫婦二人でね。

移民開拓の資料を読むと、当時の移民開拓がどれほど大変だったかがわかります。吉野移民村だけでも、開村30年間の犠牲者が１００７名、生存者は１５００名です。死因は病気です。いちばん多いのはマラリア、次いでツツガムシ病、それに赤痢ね。衛生状態が悪いから伝染病が多い、加えて医療が行き届いていない。

邱　ツツガムシ病は別名「鳳林病」ともいわれ

た。花蓮港で開業医をしていた羽鳥重郎医師がその原因を突き止めて治療の道を拓いた。

謝　マラリアは嫌だねえ。このへんはとくに多かった。小学生3年、4年の頃、親父の製材所が隣りの豊田にあったものだから、土曜日になると遊びに来たんだ。どういうわけか、ここに来るとマラリアに罹った。

廖　開拓移民が来た当時は、なにしろ、ろくに道路もない、電気、ガスもない、鉄道もたった1本、基隆から新竹まで、それだけ。そんな時代でした。もっと悲惨なのは、土匪の襲撃にあって殺される、まだ山地族に残っていた首狩りの犠牲にもなる。

当時、先頭に立って山地族の啓もう、教育、衛生管理などにあたった警察官が至る所で彼等の犠牲になった。今でも、山の中にたくさんの墓や慰霊碑があります。

司会　花蓮県では明治39年に集中して起こった大蕃害として知られていますね。花蓮で始まった官営移民が明治43年ですから、それより前で、ウイリ事件、遮埔頭蕃害事件、古魯（コロ）社抑留事件、萬里橋（マリバシ）事件が次々に起きて、多くの警察官、行政官、民間人が原住民との衝突、襲撃に遭って犠牲になっています。次いで明治41年には、この地域では最も大きな七脚川（チカソワン）事件が起きています。

邱　資料を見ますと、七脚川事件では、警察官をはじめとして30名余りの犠牲者と22名の負傷者が出ています。

廖　それよりずっと前に遡れば、明治29年から30年にかけての新城事件があります。このときの犠牲者はほとんどが日本軍の駐屯兵で、記録によれば二十数名の犠牲者が出ています。

司会　私の父は鳳林、瑞穂で警察官をやっていましたが、昔は山地に赴任する警察官は治安だけでなく、原住民の教育、衛生指導まで任務とされていたそうですが、その頃の学校の先生も大変だったでしょうね。

廖　日本統治が始まった頃の学校沿革史を読むと先生方が大変な苦労をしていたことがよくわかります。

たとえば、ここ鳳林から海岸線に沿って北へ行ったところに１００年前にできた水璉小学校というのがあります。

そこの初代の校長は花蓮港廳から派遣されたのですが、花蓮港から30数キロ、当時は道もない山越えをしなければなりません。ようやくたどり着いたものの、校舎も何もない、敷地さえ決まっていなかったそうです。

校長は、校舎の土地を探して決めると、村人に頼んで草や木を伐採して、一歩一歩足で測って設計した。竹で造ったバラック小屋の校舎を完成させました。その間、校長先生は家も宿舎もないから、村人の牛舎で寝たそうです。水牛と一緒ですよ（笑）。

教室は1学級だけ。各部落から集まる子どもには12キロも山越えしてくる子もいました。こどもの足で4時間はかかります。だから、そんな子はバラック小屋の学校に泊めることにしました。校長先生は、授業だけでなく、その子たちの生活の面倒もみました。とても大変なことです。

わたしは長年、校長をやってきましたのでその苦労がよくわかります。今の人にはできません（笑）。

◆あのときの中国軍には唖然、茫然でした

司会　そうした苦難の時代を経て「台湾楽しや」の時代が築かれた。それがまた戦争、日本の敗戦によって中華民国へと変わりました。大変な変動の中で子ども時代を過ごされたのですが、とくに戦後の混乱期に見たこと、体験したことをお聞かせください。

最初に、日本の敗戦を聞いたときの気持ちは？

廖　わたしは中学1年生でした。最初に友達から聞いたときは全く信じませんでしたよ。いつも、「ニッポンハ、ゼッタイニ、マケナイ！」って教え込まれていたからね。

邱　私は国民学校を卒業して青年学校1年のときだったけど、誰も負けると思ってないから、ホントかウソかも考えない。信じなかった。

官　わたしは高等女学校でした。最初に聞いたときは、やはりウソだと思っていましたね。

廖　敗戦が現実だとわかったとき、どういうわけか格別の感想もありませんでしたね。これからは「一日一日を大事に過ごそう」と思っていたように思います。

邱　それから間もなく中国兵が来たでしょ、そのときの印象のほうが強い。そのとき来たのは第27師団で、敗残兵ばっかりや、敗残兵。

その兵隊見たとき、「ほおう、これが支那兵かあ！」と思った。でも、すぐに「どうしてこんな兵隊に負けたの？　嘘だろ！」と信じられなかった。

廖　兵隊なのに靴を履いてない、草履をはいていた。

官　それも内巻きの……。

廖　日本時代にあった戦時絵本に描かれていた

格好と同じだった。小学校の頃、お父さんに買ってもらった絵本に中国兵と日本兵が描いてありました。あの中国兵とそっくりでした。あの長い変な薬莢をたすき掛けにして、鍋と傘と布団を担いで、ぞろぞろ歩いてきたのですよ。

司会　その話はよく聞きますが、大げさじゃないのですね。

邱　とくに初期の兵隊はひどかった。

廖　私なんか、中国軍が来るからというので、歓迎の歌を練習させられましたよ。中国から持ってきた歌、広東語ね。

官　歌ってごらん。

廖　♪タイカータイカーヒーアー……チャン♪スイエイ　スーウー……。エーヨー（笑）。

あのときは学校を借りて兵舎代わりにしていました。わたしの学校も一部接収されてね、兵隊はトーチカ作っていましたよ。

とにかく衛生観念がない、行儀が悪い、水道を見たことないから不思議そうに蛇口をいじりまわして壊してしまう、といった悪口、笑い話がいっぱいある。

邱　もう話にならなかったね、敗残兵は。

先輩に聞いた話だけど、中国の国防軍が基隆に上陸して、汽車で台北に入るでしょ、それを武装解除された日本の軍隊が台北駅で迎えるということになった。

列車が着いて中国兵がぞくぞく降りて来た。日本の大隊長さんが号令をかける。

「気をつけえー！　敬礼！」

ところが、中国兵は全然見向きもしないで、ぞろぞろ歩いていくだけ。天秤棒担いで、傘かぶってね（笑）。
歓迎に集まっていた台北の人たちは、もうガッカリですよ。

◆中央、地方とも混乱を極めた政治・行政

廖　そんな光景を見た台湾の人たちは、それ以来、中国兵を相手にしなくなったね。失望した。それまでは一生懸命歓迎しようと歓迎の歌を練習したり、鳳林では張七郎さんが歓迎の城門まで作っていました。

邱　張七郎さんは、いってみれば反日ですよ、というか中国を歓迎するのだから愛国者ですか。後にその中国に殺されるわけですが……。

彼は中国が台湾に来てから国大代表に当選して、南京会議にも出席しているのです。そこで蒋介石を中華民国の総統に選んだ、いまなら親中派といってもいい愛国者ですよ。そんな愛国者が殺された。あのとき8人もの国大代表が犠牲になっている。

廖　張七郎さんのやってきたことからすれば、当局に殺されるなんて考えられないことでしょ。聞いた話によると、時の庁政府はカネが欲しかったらしい。

邱　あのときの花蓮県長は張文成、戦後初の県長だね。

彼は花蓮港と玉里の間にあった太平渓の吊り橋を外してその鉄材を売ってしまった。そのときの言い分が、

「われわれ大陸では1か月ぐらいのことなら歩いている。玉里までなら1週間、そんな近いところならもう鉄橋はいらない。」

そういって取り壊した吊り橋などの鉄材を売っ

てしまった。もう、むちゃくちゃですよ。

司会　わたしが日本に引き揚げるときの証明書をみると、発行人の名前が張文成となっていました。

邱　当時の行政長官が陳儀です。彼は日本の陸士を出て、奥さんは日本人、日本語もわかる。

彼は日本の施政40年を記念して開かれた第一回博覧会に大陸から来ています。そのとき、台湾の砂糖、蓬莱米の生産量の高いことに驚いた。お茶も樟脳もとれる、産業も発達している。なにより も台湾人がみんな下駄や靴を履いているのにびっくりしたそうです。

それから10年で終戦、台湾は中華民国に返還となったとき、彼は蒋介石に「台湾接収には私が行きます」と言って、行政長官として乗り込んできたのです。発展した台湾の実情を知っていたからです。

陳儀は上海の大手の商人を連れてきて七洋産業股份有限公司という金融会社を設立すると、銀行の倍以上の高い利息でカネを集め、砂糖、米、お茶などの物資を買い集めて上海に送った。大陸では共産党との内戦で大変な物不足、いくらでも売れた。台湾はたちまちインフレになった。4万元が1元になって、経済がペチャンコ。金持ちはみんな貧乏になったので、陳儀は恨まれました。そういう経済的破綻が後の228事件の一要因にもなっています。

廖　あとで銃殺されましたね、共産党と通じていたということで……。

司会　官さんは、その頃すでに国民大会代表(国会議員)になられていたのですか？

官　私が国民大会代表になったのはそれより後

ですね。
当時の国民大会代表は高級中学卒が絶対条件で、私は婦女団体の代表として選ばれました。第1期が6年で2期勤めたら、突然、アメリカと断交になってさらに2年延びて、結局14年勤めています。

邱　たいしたものです。ご活躍はよく存じていますよ（笑）。

廖　当時の国民大会代表は、主に職業別に選ばれる仕組みになっていて、農民団体、工業団体、婦女団体、原住民団体といったものがありました。ほかに大陸から来た、いわゆる外省人代表があって、これは一度選ばれたら生涯代表でいられる「万年代表」といわれていました。

あのときの台湾の国会は、国民大会代表と立法院があって、国民大会代表の責任は総統を選ぶこと、憲法の修正、の二つでした。今は国民大会代表が廃止され、立法院しかありません。

邱　万年国会議員は、別名「増額国会議員」と皮肉られていましたね。高い俸給が一生保障されて、やることはヨタヨタしながら票を入れるだけ。彼らを皮肉った笑い話が、いっぱいある（笑）。

官　歳をとった万年国会議員の中には、車椅子や担架に乗せられて国会に来る人がいました。選挙のときも同じ光景でした。

邱　もうめちゃくちゃな状況だった。

ある学校でのことだけど、学校の小使いが急に来なくなった。3日後に来たので校長先生が休んだ理由を聞いたら、「ボクはもう国会議員だ、小使いじゃないよ」という。よく聞いたら、「万年代表」に欠員が出たので、その身代わりとして国会に行って選挙で選ばれたのだそうです。その選挙たるや、「ボクは2票とって国会議員になった。」っていうほど、酷いものだったのです。

官　そう、あのときは名前さえあれば補欠当選できたのね。

廖　外省人代表は1県に1人、その人が亡くなって、選挙に参加した者が自分の名前を書いたら補欠当選したというケースです。

邱　これではいかん、というので五百何名いた国民代表を廃止しようとしたが、代表たちの反対が強くて、なかなかできない。

結局、一人500万元かな？　それだけ払ってようやく廃止できた。それから総統は国民投票になった。

◆228事件と白色テロの恐怖の中で

司会　官さんは228事件が発生する前に花蓮高女の自治団体の会長をなさっていましたが、事件に巻き込まれるようなことはなかったのですか？

官　28日間、牢屋に入れられましたよ。国民党政府に反対する学生の動きが台北などの一部にありましたのでね、外省人を排斥して暴動を起こす恐れがある、という理由で拘束されました。

あの頃は、めちゃくちゃな理由で銃殺されていました。出鱈目でしたよ。

廖　スパイ容疑で逮捕する「白色テロ」ね、あれが怖かった。監視はもちろん、電話の盗聴はやる、疑心暗鬼になって密告はする。

当時の政府は、「一人を捕まえるために百人を殺してもいい」というやりかたでした。だから、冤罪による犠牲者が沢山出ました。

司会　官さん、よく助かりましたね。

官　正式な裁判ではありませんが、一人ひとり呼ばれて尋問を受けました。わたしは何を聞かれても「わかりません」と答えていましたよ。事実、聞かれても、わからないことばかりですから。ただの学生ですからね、政治活動にかかわっているわけではないし、幸い、わたしの友人も証言してくれた。

廖　1949年、私が在学していた師範学校の横に憲兵隊がありました。その頃、あちこちの学校に大陸から来た学生がいて、中には年長者で政治活動に関係している者もいる。そういう疑いをもたれた学生を逮捕してきて、隣りの憲兵隊で取り調べていました。殴る音や悲鳴が毎晩のように聞こえました。

◆鳳林出身者・張七郎氏の惨劇

司会　鳳林出身の228事件犠牲者としては、医師の張七郎さんがおられます。同じ鳳林ですから、お会いになった方もおられるのでは？

官　よく知っていますよ。空襲が始まったとき、先生の家の横に小屋を建てて疎開していましたから、よく知っていますよ。わたしのこの傷痕も張先生が治療してくれたものです。

邱　私も4年生のときに2回もマラリアを治してもらった。お父さんの自転車に乗せられて、先生のジンジュウ医院に行ったのを覚えています。背が高くて、二本髭をのばしていた。何回も薬を貰いに行きましたよ。

廖　228事件では沢山の犠牲者が出ましたが、最も残虐なケースでしょう。わたしが通った学校の校長もやっていたので、余計に気の毒でショックでした。

邱　張七郎は台湾総督府医学校卒、奥さんは第

3高女を出ている。二人の息子も、満州建国大を出たお医者さんです。その内の親子3人が一緒に殺された。

廖　少し詳しく話しますと、張七郎さんは鳳林農業職業学校の校長をやっていました。当時は、医者が学校の校長を兼務するのは普通でした。

それから間もなくして国民大会代表（国会議員）になり、やがて議長に選ばれました。国大代表になったため校長の席を長男に譲りました。わたしの学校の校長です。

国民大会代表のときには大陸の南京で開かれた憲法修正会議にも参加しています。それから約7か月後に228事件が起きたのです。

そのときの鳳林の鎮長は林茂盛さん。彼は、不安で動揺する鳳林の町の人に呼びかけていました。「あまり動くな、静かに待ちなさい、しばらく様子を見よう……」

そして外省人を一つの建物に収容しました。彼らの安全のためです。

まもなく228事件は終わり、鳳林に中国兵が入ってきました。兵舎がないので、鎮長の大きな屋敷を本拠にしていました。

4月4日、強い雨と風の日、兵隊さんの慰問会をやりました。夕方6時頃に慰問会は終わりました。張七郎さんは慰問会に出席していません。鳳林郊外の山にある自宅にいました。

どういうことか知りませんが、ある一人の人が「今夜危ないから逃げろ！」と知らせてくれたのです。

医者や危ない有力者はみんな逃げました。あのとき鳳林で逮捕されたのは7名いたそうです。張七郎さんは逃げませんでした。〝自分は何もやっていないから……〟といってね。事実、張七郎さんは、祖国復帰を喜んで歓迎パレードを主導するぐらいですから、危険な存在ではありません。

その日の夕方、自宅で風呂から上がったばかりだった張七郎さんは、突然乗り込んできた兵隊に拘引されました。張七郎さんの病院には息子たちと三男の奥さんがいました。そこに兵隊が来て、「集団食中毒が発生したので薬を持って往診に来て欲しい」と言われ、同行を求められました。

連れて来られたのは鳳林の山の中、張七郎さん、病院で長男、次男、三男の3人。そのうち張七郎さんと長男、三男の3人は下着だけにされ、雨の中で銃殺されたのです。

それを知らない張七郎さんの奥さんは、翌朝、まだ取り調べ中と思って、夫たちのために4つの弁当をつくって憲兵隊に出向きました。すると、1個だけ取って、3個返されました。おかしいと思った奥さんが病院に駆けつけると、長男、三男の奥さんもいました。三男の奥さんは、普段から病院の手伝いをしていましたが、その日の収入金を全部出して、監視に来ていた憲兵に夫たちを放免するよう、助けを求めたそうです。

結局、翌朝10時頃になって、3人は昨夜、銃殺刑にされたという噂が流れだした。

家族は悲しいが大騒ぎはできません。

奥さんは、集まった実家の親族、張家の兄弟たちと銃殺された山中に遺体を探しに行きました。三男の奥さんは妊娠していました。長男の奥さんも8歳と6歳の男の子を一緒に連れて行ったそうです。

しかし、その場所は草深くて、なかなか見つけることができません。夕暮れ近くになって、よ

鳳林出身の228事件犠牲者・張七郎親子の墓

うやく掘り返した跡を見つけました。掘ってみると、張七郎さんの白髪が見えました。

雨の中をやっと掘り起こした3人の遺体を牛車で運ぼうとしましたが、深い藪ばかりで道がありません。暗い雨の中をみんなで藪草を刈り、細い道を拓きました。そして、人の目につかないように、棺と気づかれないように草で覆い、わざわざ回り道をして郊外の自宅に連れ帰ったのです。

連れ帰った張七郎さんと長男、三男の遺体は、それぞれの奥さんの手で綺麗に洗われ、傷口を縫い合わせ、着物を着せて、家の横の墓地に埋葬されました。

邱　墓は山の中の自宅横にありますね。

墓碑に刻まれた文章は確かお兄さんの漢学者・張彩香さんが書かれたものだそうですが、あれを読むと泣いてしまいます。墓碑にはこう書かれています。
「一個小児為伴侶　満腔熱血酒郊原」
あれは、まさに冤罪です。だから、奥さんは真相を糾しに何回も台北に行った。誰を探したか？蔡培火、林獻堂です。探し出した林獻堂は、ただ「仕方ない」の一言だった。そして〝わたしも危ないよ〟と言っていたそうです。
そんなひどい時代だったのです。
官　張七郎は真の愛国の人ですよ。台湾光復のとき、自分で何百本もの旗をつくってね、鳳林の町をパレードした人です。そんな方を、有無を言わせず銃殺するなんて……。
誰がやったのか？
あのときの花蓮港の仮の県長・張文成、彼の指示によるものです。彼は、いずれ張七郎が自分にとって代わって県長の座を奪うだろうと、それを恐れて抹殺したのでしょう。
邱　いちばん気の毒な犠牲者ですね。
東台湾の犠牲者としては張七郎さんが知られていますが、もう一人、許錫堦さんがいます。西部台湾はもっと多い。
司会　息子さんのうち、次男の方はどうなったのですか？
廖　話によると、拘束されたときに満州の軍医証を持っていたらしい。それで銃殺を免れたのではないか、と。はっきりしたことはわかりません。その後、本人もそのことを一切口にしなかったそうですから。
邱　それから間もなくアメリカに渡りましたね。
廖　ブラジルに移民しました。
司会　２２８事件のあと、学校の先生たちも犠牲になって、地域によっては先生不足が生じたとか聞きましたが……。

廖　私の師範学校では殺された方がいたかどうかは知りません。ただ、突然、先生が来なくなったので自宅を訪ねたら、兵隊が夜中に来て連れて行かれた、という話は聞きました。

友人の新城学校の先生も50日間、拘束されました。もちろん冤罪です。いずれも、共産党員じゃないかと疑われたのです。

邱　白色テロは怖いよ、一方的に疑われて片っ端から逮捕する。台湾人も外省人も関係ない。あのときは十数万人が逮捕されたのですね。

◆「日本は本気で台湾を経営していた」

司会　皆さんは日本時代を生きた最後の世代です。つまり日本時代末期の15年ほどを、青少年期として日本の教育、空襲、食糧難、日本の敗戦に伴う混乱、統治政府の交代、228事件など、さまざまな苦難を体験され、今の台湾を生きておられます。

その皆さんが、実際に見聞し体験した日本時代を振り返ってみて、どのように評価されているか、個人的実感で結構ですのでお聞かせください。

廖　われわれ世代と戦後世代とでは捉え方が異なってくると思いますが、私の実感を一言でいえば、「日本人は本気で台湾を経営していたな」ということです。これは私ひとりだけの思いではありません。仕事柄、歴史資料や本を読みますが、日本時代を生きた多くの台湾人がそう感じています。

われわれの知らない初期の日本時代、つまり、日本が統治を始めたときの台湾は、清国からも「化外の地」とされるほど未開でした。鉄道は基隆から新竹までの1本だけ、まともな道路もない、電気、水道もない、なにしろ山地原住民のなかには首狩りの風習さえ残っていた土地でした。きわめて治安が悪く、清国政府も「3年毎の小反乱、5年毎の大反乱」という抵抗に手を焼いていたのです。

そこへ日本が来て、道路、橋、鉄道、水道、電気などあらゆるインフラを整備するとともに、行政機構、戸籍、土地、学校制度を確立しました。発電所ができて電力が生まれ、製糖、タバコをはじめとする産業が盛んになりました。

八田与一のダム建設のおかげで西部に一大穀倉地帯、農産地帯が生まれました。農業振興策により、美味しい蓬莱米が生まれ、野菜の品種も増えました。

あの頃の言葉に「内地如一」というのがありました。台湾は内地の延長、内地と同じにする、という考えです。この言葉をみても、「本気だった」ということがわかります。

私は、なかでも早くから教育に力を入れていたことを高く評価します。教育は国の力の礎であり、まさしく当時の教育制度の確立が今日の台湾をもたらしたと思うからです。日本時代を体験した台湾人の多くは言います。

「もしもあのときに日本が来ていなかったら、今の台湾は海南島と同じレベルに留まっていただろう」

私は日本時代の末期に生まれたので、それ以前の体験はありません。しかし、親や先輩から聞かされたことでも、この評価と大きく変わるところはありません。

子ども時代を思い返しても、平和で楽しかった。

鬼ごっこ、かくれんぼ、メンコ、コマ回し、女の子はおはじき、おじゃみ。

少なくとも子どもの世界は自由で楽しかった。日本時代の学校では、授業も教科書の昔話も面白かった、歌もよかった、制服もあった、運動会も面白かった、楽しい思い出は沢山あります。

日本人との間に不平等がなかったわけではありません。台湾人と日本人の小学校は別々、台湾人の子は日本人の学校に限られた人数しか入れない、といった差別がありました。でも、その程度のことなら仕方ない、日本語ができない台湾人の子どもをいきなり日本人学校に入れるわけにはいかないでしょうしね。時代が時代なのですから。わたしは、そう思います。

大人の社会では、われわれ子どもの知らない問題もあったでしょう。日本人の中にも悪い人間もいる、いじわるな役人に苛められた台湾人もいたでしょう。そんな体験を持つ台湾人は、日本時代を悪く言うかもしれません。

しかし、子どもの目から見ても、それが大勢だったとは思いません。いずれにしても、個別の一ケースをもって全体を評価するのは妥当ではないと思います。

謝　ボクと廖さんは時代背景も学校も同じだから、ほぼ90％同じ（笑）。

日本は１８９５年、つまり明治28年から１９４５年（和20年）までの約50年４か月にわたって台湾を統治しました。その間、戦争という苦難も味わいましたが、日本が台湾の近代化、台湾という国づくりに努めたことに対して高く評価していま す。台湾は日本のお蔭でこれほどまでに進歩したことは事実ですし、私自身は感謝しています。

司会　政界で活躍された官先生は……？

官　日本の台湾統治は、よく「植民地政策の成功例」と言われますが、かつて欧米列強国がアジア諸国に対して行った植民地支配に対比したら「当たらずとも遠からず」じゃないかと思います。あのような弾圧や収奪はなかったし、逆に、インフラ投資を積極的に行い、教育制度も確立した。これは評価していい。

政策や運用について個々にみれば是非はあるでしょうがね。

邱　いわゆる植民地つまり統治、被統治の関係は、勿論好ましいものではありません。ただ、覇権主義、帝国主義がアジアを席捲していたあの時代を振り返ると、日本統治は二十世紀の運命みたいなものでしょう。アジアは植民地だらけでしたから……。

日本は台湾の経営に本気で取り組んだことも事実でしょうし、多くの犠牲も払っています。最もよく知られている「霧社事件」では、女性、子供を含めて百三十数人の日本人が原住民の急襲によって殺されています。

それを受けて第十四代総督太田政弘は内地との区別を無くすべく、さまざまな融和政策をとっています。それに応えて、台湾を終生の地と定めた日本人たちは台湾の国づくりに一生懸命だったと思います。

いずれにしても、大事なことは、お互いが、そういう歴史の中から何を学び取り、これからの友好関係のためにどう活かしていくかということでしょう。

司会　今日は長時間ありがとうございました。

（2018・11・04）

II

私の日本時代

日治時代を知る17人の個人的体験

楊淑娥さん

よう　しゅくが。日本名・弘原初枝。1929年（昭和4年・民国18年）桃園の大渓生まれ、89歳。員樹林公学校、中壢家政学校1年時に花蓮の家政学校（現・花蓮商業高校）に転校。同校卒業後は花蓮港廳に就職。疎開のような形で同じ花蓮県の水尾庄（現・瑞穂）役場に転勤。夫（馬慶龍氏）の父・馬有岳氏は、台湾省議員を勤めたほか舞鶴瑞穂珈琲の開発協力者としても知られている。

助けたり、助けられたり、悲喜こもごもの思い出

◆田舎育ちの「おばあちゃんっ子」

戦争が終わったのが昭和20年8月で、そのとき私は16歳ですから、私の日治時代の記憶といえば、子ども時代と青春時代のことばかりです。

あとで歴史を勉強するようになってわかったことだけど、戦争や事件が多かったのね。満州事変、霧社事件、日中戦争、それから太平洋戦争と、ずっと戦争が続いていた。

でも、小さかったから、子ども時代は桃園の田舎（大渓）でノンビリしていました。その頃、両親二人は員樹林公学校の先生で、祖母が売り物にならない米をエサにして鶏や豚を飼っていましたから、子どもの頃は食べることにあまり困らなかった。

私が生まれたのは、いま国際飛行場がある桃園の大渓で、小さい子どもの頃は、ほとんど祖母に育てられました。公学校を卒業する頃には、父（楊朝枝）が祖父の応援をもらって水尾庄（現・瑞穂郷）に友人と製材所を立ち上げて、両親が一足先に移り住んだのですが、祖父母はもう少し様子を見ようと桃園に残り、私も祖父母と一緒に、桃園で暮らすことになったのです。

そんなわけで、私は公学校から家政学校の一年まで、ずっと祖父母の家から学校に通いました。鶏に餌をやったり、茶摘みを手伝ったり、いつも祖母と一緒。沢山可愛がってもらいました。

何ていうの？　そう〝おばあちゃんっ子〟だね（笑）。だから私の人格形成は、祖母の影響が大きい。

◆優等生だから苛《いじ》められない

公学校は台湾人、原住民の子どもが行く学校で、日本人の子どもは別に小学校がありました。その学校は、ほとんどが日本人で、台湾人の子はクラスに何人もいない。成績が優秀とか、日本語が話せるとか、親が有力者といった台湾人の子どもしか入れない。

公学校時代のとき、私は日本語もできたし、成績が良かったから、いつもご褒美でイブセンの鉛筆を学校からもらっていました。ホントよ（笑）。

イブセンの鉛筆は、芯が折れなくて、とってもいいの。卒業するまで鉛筆を買ったことがなかった。妹も私のお下がりの鉛筆を使っていたわ。

私はとくに算数とソロバンが好きで、人よりも成績が良かった。だから、家政学校を卒業して就職したときも会計に回されました。

私は公学校6年で、桃園の家政学校に合格しました。

不合格の人は、さらに高等科を2年やって、また受験します。それでダメなら諦めて働くしかない。それが普通でした。私は成績がよかったから一番で合格した。これ私の自慢（笑）。

家政学校には、日本人の子も沢山います。家政学校で初めて日本人の子と一緒に勉強することになり、友達もできました。

台湾人の子は、ときどき意地悪されることがあったけど、私はあまりされなかった。先生の教えを真面目に聞いたし、勉強ができたからね（笑）。

でも、イタズラが好きな子はどこにでもいるから、そんな子に意地悪されることはありました。

正課ではないけど、生け花の時間があって、生けたい花を持って行って先生の指導を受ける。終わったら新聞に巻いて帰る。

あるとき、その花を折られたことがあった。悔しくて腹が立ったから、その子に〝なぜそんなことするのか？元どおりにしなさい！〟って怒ったの。でも、相手は笑っているだけ、謝らない。

私が〝校長先生に言うよ〟と言っても、あの怖い校長先生に言えるわけがない、とからかうので、私は〝明日の朝になったらわかる〟と言ったら、ようやく謝った。

成績がいい子にはイジメきらん（笑）。

私も気が強いほうだから、酷いこと言われたときなんか、〝もう一度言ってみろ！〟と啖呵？を切る（笑）。

◆弟は瀕死の目にあわされた

私は学校で苛《いじ》められたことはあまりなかったけど、

家政学校時代（左側）

母（右端）、主人と子どもたちと

上の弟は花蓮中学1年生のときに、酷いことをされたことがある。その弟は、よくできる子で、戦後、花蓮県瑞穂中学や玉里高等学校、大漢技術学院の校長も勤めた、博士号を持った教育学者です。

弟が行っていた花蓮中学は、ほとんどが日本人で、台湾人は数人しかいない。遠くから来る人が多いので、みんな寮生活です。

あるとき、一日の授業が終わって風呂に入った。さあ、楽しみにしていた夕食をとろうとしたら、自分の弁当がなくなっていた。誰かがイタズラして隠したのか、食べてしまったのかわからない。周りに聞いても、みんな知らん顔している。弟が騒いでいると、上級生が来て弟を殴り倒した。弟は、鼻の骨を折って気絶しました。ずっと意識不明になった。

学校から連絡がきて、親が連れて帰り、暫く学校を休みました。

弟を殴った学生は寮の中でも不良の上級生。いつもイタズラ、悪いことをする。校長先生に叱られて、少しだけ謝った。

こんなイタズラ、不良学生はどこにもいる。でも、意識不明になるほど苛《いじ》めなくてもいいじゃないですか。もし自分が腹を空かしているとき、楽しみにしていた弁当を取られたらどんな気持ちになるか？

あのときは、しばらく日本人を恨みました。

◆忘れられない幕の内弁当

中壢家政学校1年のときでした。

学校から父兄会の通知が来たのですが、両親はすでに花蓮に住んでいましたので、出席できません。

先生に相談したら〝おじいさん、おばあさんのどちらでもいいよ〟って言われた。でも、二人とも日本語ができません。先生は〝坐っているだけでいいから〟って。

結局、おじいちゃんに来てもらった。

おじいちゃん、日本語の話が全然わからないのに、父兄会で何時間も坐っていた。

やっと終わって帰るとき、弁当が配られたの。みんなが食べるのを見たら、見たこともないような、すごく綺麗な幕の内弁当だった。

おじいちゃんは、お腹が空いているのを我慢して持って帰ってきました。祖母と私と三人で食べた。

おじいちゃんに〝なぜ食べなかったの？〟と聞いたら、おじいちゃん〝あんまり綺麗で美味しそうだから、お前たちに食べさせたいと思って〟って言うの。

腹が減っているのに、バスに乗って帰ってくる間、美味しそうな幕の内弁当を思いながらずっと我慢していたらしい（笑）。

あのときの幕の内は、高級蓬萊米のご飯で、本当に美味しかった。

◆勤労奉仕は看護婦・兵隊の手助け

家政学校の2年になった頃、戦況が厳しくなってきたので、花蓮の家政学校に転校しました。花蓮家政学校は創立されたばかりでした。

祖母と貨客船で上陸した花蓮港も築港工事が終わったばかりで、花蓮の町が何となく明るい、華やいだ雰囲気に感じたものです

しかし、実際は半ば疎開みたいなもので、花蓮の食糧事情もかなり厳しい状況でした。

花蓮のシンボルみたいな美崙山と美崙川。美崙山には、いたるところに甘蔗芋が植えられていた。小高い山の上に神社があって、よく長い吊り橋を渡って登ったものです。

美崙川では、アミ族の女性たちが毎日のようにシジミ獲りをしていました。あの頃は、まだ美崙川の水もきれいだった。シジミは、炒めたり、スープにすると美味しい。栄養もあるし、肝臓にもいい。

その美崙川では、よく包帯洗いをしました。川の近くに兵隊さんの病院があって、家政学校の生徒たちが週に1回、勤労奉仕で看護婦さんの手伝いに行っていました。

沢山の包帯を川の水で洗って、石の上に広げて乾かす。それを看護婦さんが蒸気で蒸して消毒する。私たちは、その包帯で、怪我をした兵隊さんの腕や脚を巻く手伝い。

病院は怪我や病気の治療するところと、療養とかリハビリの二つありました。だから、勤労奉仕は病院の仕事が多かった。包帯洗いとかアイロンかけ、看護婦さんの手伝い、リハビリの兵隊さんの手助け。

とてもよい勉強になりました。

ときどき、入院している兵隊さんたちに、ふかし芋を持って行ってやりました。兵隊さん、〝美味しい、美味しい、ありがとう〟って、涙を流していた。もう、その頃は病院でも食べるものが十分でなかった。さつま芋で故郷を思い出していたのでしょう。

花蓮港には航空隊の基地、飛行場もありました。特攻隊もありました。その基地に、勤労奉仕で2回行きました。

昭和19年の末頃でしょうか、家政学校3年生のときです。

先生に連れられて徒歩で1時間半、仕事はおにぎり作りの手伝い（笑）。沢庵を細かく刻むのと、おにぎりを山ほど作るの。私たちも昼ご飯に2個ずついただいた。

よく兵隊さんの行軍も見ました。基地から整列して訓練場の方まで行軍するの。綺麗に隊列を組んで、ザックザックと靴音立てて、とってもカッコよかった。

私もクラスメートたちと窓から首を出して、〝前から何番目がいちばんカッコいい〟とか言って、キャアキャア騒いでいた（笑）。

でも悲しいこともありました。

上空でヘンな音がしたと思ったら、飛行機がヒラヒラしながら落ちてくるの。多分、若い兵隊さんが乗っている練習機よ。

あれーっ、と思っている間に落ちた。落下傘が開かなかったのか、なかったのか知らないけど、可哀そうでねえ。あのときは胸が痛かった。

◆中山先生と九州弁の日本語

花蓮家政学校時代は、叔父の家に下宿していました。

おばさん（叔父の奥さん）は、肉の販売店をやっていて、そのおかげで私の弁当には、いつも鶏や豚肉のおかずが入っていた。友達は羨ましがるけど、私はあまり好きじゃない。贅沢、わがままね（笑）。

おばさんは、とても気前のいい人で、私の友達が遊びに来ると、肉料理をご馳走して喜ばせてくれたり、周りに気の毒な方がいると、肉や野菜を差し上げたりしていました。

戦争が激しくなってだんだんと食料事情が悪くなってきて、お米も配給制になり、日本人も困っていました。

その頃、担任の中山先生が日本でお嫁さんをもらって帰ってきました。まもなく、先生の奥さんが出産したけど、何でも配給でしたから、肉や玉子が食べさせられない。奥さんは栄養がとれないから、母乳が出ない。赤ちゃんが可哀そう。

だから私は、おばさんに頼んで、鶏や豚肉を沢山もらって先生に差し上げたの。中山先生とても喜んでくれた。

産後の体力を取り戻すために、台湾の家庭料理を食べてもらったこともある。麻油鳩や麻油雛、お酒を使った豚肉の煮込み料理。日本から来た奥さんには台湾の味が合わないかもしれないけど、おばさんは〝我慢して食べなさい、食べなきゃお乳が出ないよ〟、と自分の娘に言うのと同じこと言っていた。お奥さんは、とても美味しいと喜んでくれた。お乳もよく出るようになって感謝されました。

国語科を担当していた中山先生は、日本語の発音がとてもきれいでした。丁寧な標準語ですね。先生には、ずいぶん可愛がってもらった。私の日本語の発音がよかったからね（笑）。

ほかの先生たちは、熊本とか鹿児島とか九州出身の人が多かったので訛りが強い。とくに東台湾には九州出身の人が多い。だから、台湾人の生徒もみんな九州弁の日本語になってしまう（笑）。

九州弁の日本語といえば、こんな話があります。

私が後年、玉里鎮の公学校の教員になったときに同僚から聞いた話ですが、その同僚のお父さんが、戦後、海外旅行が認められるようになったとき、友人たちと日本に旅行して九州にも行ったそうです。熊本の街で、道がわからなくなったので、地元の方に尋ねた。その方は、親切に案内までしてくれた。別れるときにお礼を言ったら

「へえー、あんたたち台湾から来たとね？ 熊本の人間とばっかり思ってたばい！」

と驚かれたらしい。

友人のお父さんたちは、

「えっ、オレたちの日本語正しい日本語と違うとね！」

と、大笑いになった。だって、みんな九州弁の日本語だもの（笑）。

◆南濱海岸に流れ着いた日本兵の遺体焼却

家政学校2年の頃、花蓮の南濱海岸に日本兵の遺体が沢山流れ着いたことがあります。南濱は、花蓮港にまだ港ができていない時代、ここが上陸する浜辺でした。

昔、日本人が東台湾に移民したとき、ここの沖に船を停めて、そこから小さな船に乗り換えて上陸したところです。

そこへ日本兵の遺体が流れ着いたという噂が広がったのです。

当時、南台湾海峡では米軍の爆撃で多くの日本の

船舶、戦艦が沈められたといわれています。多分、その犠牲者たちの遺体でしょう。

その日から浜は出入り禁止。誰も近づけない。ただ、叔父の義父は、地区の保正（地域の長）をやっていたので、地区を回って焚き木を集めては、夜中に、墓地がある佐倉というところまで運んでいました。遺体を焼くためです。足りなくなると、二度も三度も集めて運んでいた。

すべて内緒、家族にも遺体を焼いていることは一切、言わない。遺体を焼く煙が何日間も続きました。

義父は整骨医の資格を持っていましたから、遺体の検体？検視？を命じられた。そのため毎晩、帰ってくるのは夜中。帰って来ても、何も話さない。何とも言えない怖い顔をしていた。義父は辛かっただろうな、と思います。

流れ着いた遺体のことを思い浮かべると、兵隊さんの無念さや、まだ知らずに日本で待つ家族の姿を想像しては哀れに思ったことを覚えています。

◆職場の目の前に落ちた爆弾

昭和20年4月に家政学校を卒業して花蓮港廳に就職しました。計算、ソロバンが得意だったので財務課に回されました。

その頃には、花蓮港の空襲も激しくなって、港や工場が爆撃された。花蓮港庁舎も狙われたのか、ちょうど財務課の前にあった池に爆弾が落とされた。目の前の池です。幸いにも不発弾でした。みんな爆弾なんて初めてだから、怖くて、怖くて大混乱。

こんなところにいたら死んでしまう、といって父が交渉してくれて、田舎の水尾庄役場に転勤させてもらいました。

当時、両親は瑞穂の瑞美小学校に勤めていて、学校の宿舎に住んでいたのですが、瑞穂も空襲の危険が高いというので、さらに田舎の打馬煙（瑞北）に疎開しました。そこは中央山脈の山麓で、古い藁葺きの家を買って祖父母と弟妹たちと1年ほど暮らしました。

田んぼは少しだけ、戦争も最後の段階で食糧はどん底状態でした。米をつくっているといっても、田んぼが少ないから少しだけ。しかも、ほとんど供出で持っていかれる。買い上げてくれるといっても、値段は公定価格で安い、儲からない、収入も少ない。

でも、米をつくっている家や、鶏や豚を飼っている家は、まだマシなほうでした。白いご飯は滅多に食べられない。たいがいの家は芋と野菜ばかり。芋も十分手に入らない。いちばん苦しい時代だった。

◆バナナ売りが縁で助けられた

そんなとき、助けになったのがバナナ売りです。

祖父は、お米のほかに野菜とバナナを作っていました。当時10歳前後の妹と弟が、家の周りに植えてあるバナナを、すぐ近くにあった日本の兵隊さんの兵舎に売りに行ったのです。「1斤何円」と書いて、紐に吊るしてね。籠を担いで、兵舎の垣根の外から、

〝バナナだよー、バナナいりませんかあ！〟

って声をかけていました。弟と妹の日本語は、まだそれしかできません。それでも、売り子が小さな子どもだからね、兵隊さんも買ってくれる（笑）。

バナナは沢山あるから毎日行く。兵隊さんと親しくなって、ときどき缶詰や乾パンをもらってきたこともある。

ある日、兵隊さんが弟に言いました。

「日本語がちゃんとできるお兄ちゃんかお姉ちゃ

んを連れておいで」

それで翌日、私が一緒に行ったら、兵隊さんが

「お宅の裏の野菜畑に大きな穴を掘っておいてください。何日後に開けなさい。このことは誰にも言わないで……」

兵隊さんに指示された日に私、弟、それにおじいちゃんの3人で裏の野菜畑に行きました。そうしたら穴の中にお米や味噌、乾パン、金平糖などが、どっさりあった。上から投げ入れたからバラバラ。もうビックリして、嬉しくて。

とても持ちきれないので、夢中で穴を掘って残りを入れて、上からムシロを被せて、トタン板で隠した（笑）。雨で濡れたら困るでしょ。帰り道、おじいちゃんは、

「そういえば、昨日の夜中に、裏のほうで物を落とすような音がしていたなあ」

と言っていた。

翌日、弟と手押し車で運びました。祖母も家族も、あまりに沢山なのでビックリしていた。

それから二、三日後に兵隊さんたちが駅の方に行軍しているのを見ました。日本に引き揚げるため花蓮港に向うところだったのです。兵隊さんは引き揚げる日を知っていたから、もう必要がなくなった食糧を私たちに分けてくれたのね。

その頃、私の家族は10人でした。お米は朝だけ、大事に、大事に食べました。毎日は食べません。乾パンは夜、スープに入れる。とても美味しかった。

あのときのお米と乾パンは本当に助かった。そうでしょう、もらったお米や乾パンは2年近く食べつなぎましたから。

金平糖は、母が瓶に入れて大事にしまっていた。母は教育熱心な人でしたから、近所の貧しい原住民

の子どもたちに勉強を教えたり、面倒みていました。子どもたちを励ますときや、ご褒美として金平糖をあげる。みんな金平糖が欲しいから勉強する、言うこともきく（笑）。

原住民の子は、家が貧しくて滅多に風呂に入らない。頭洗わないから、シラミがいっぱい。母は温泉の主人と交渉しました。

「子どもたちを風呂に入れてください。頭、身体を綺麗にしないと病気になる。石鹸もタオルも持ってくる。その代わり、終わったらみんなで風呂を清掃します。」

ご主人、オーケーしてくれました。母の交渉うまい、アイデアもいい（笑）。

戦争が終わり、それから2か月ほどで私たち一家は瑞穂に戻りました。怖い空襲がなくなったのでホッとしましたけど、相変わらず食べ物がないし、何ともいえない不安な気持ちでした。

◆日本人刑事さんの恩返し

終戦前後の食糧難のときは、辛いことや悲しいこともいっぱいあったけど、お互い助けたり、助けられたりしていました。友人知人なら、台湾人も日本人も区別なく助けあっていた。

私の主人の父（義父＝馬有岳）のことになりますが、義父は、舞鶴瑞穂珈琲の開発で知られる国田正二氏の片腕となって協力したり、いろいろな事業を起こしたり、議員などを勤めた有力者でした。瑞穂には、国田正二氏と並んで顕彰碑があります。

そんな有力者でしたから戦況が厳しくなった昭和19年頃からは、自宅前に、いつも日本人の刑事さんが交代で、義父の動静を見張っていました。

その刑事さんの一人に熊本県出身の方がいて、その奥さんが妊娠したのです。食料が配給制のため、肉や卵がなかなか手に入らない。十分な栄養が取れなくて母子の健康が心配だった。その事情を知った義母は、ときどき豚肉や卵、野菜などを差し上げていたそうです。

やがて終戦になり、その刑事さんが日本に引き揚げてから15、6年経った頃でしょうか、省議員をしていた義父夫妻は、日本一周の視察旅行で九州にも行ったのです。

二人が熊本に泊まったとき、台湾時代の友人知人たちが大勢集まってくれたそうです。その中に、あのときの刑事さんもおられたのです。

元刑事さんは、義父に言ったそうです。

「台湾時代、仕事とはいえ、あなたに不愉快な思いをさせた。済まなかった。それでもあなたと奥さんは、食料に困窮していた私たち家族を救ってくれた。あのとき赤ん坊だった子どもも大きくなりました。感謝しきれないほど有り難く思っている。いつの日か恩返しを、と思ってきたが、悲しいかな今の私は貧しい。ご馳走もしてあげられない。お土産も持たせてやれない。いま私は町の銭湯で働いている。是非その銭湯に来ていただきたい。あのときのお礼に、せめてあなたがたの背中を流させて欲しい。」

この話を聞いたときは、みんな感動しました。嬉しかった。誠実で、決して恩義を忘れない、なんとしても報いを果たそうとする心、昔の日本人です（笑）。

◆終戦、日本人から台湾人に

戦争が終わってしばらくすると、瑞穂にいた日本人もどんどん引揚げていきました。

父（楊朝枝）は、瑞穂温泉近くのタバコ栽培をしていた日本人農家の住まい、田畑を買いました。その住居、田畑は、国民党政府が接収したもので、父はそれを「日産管理委員会」からローンで買い取ったものでした。

その日本人農家は、愛媛県出身の方だったようで、玄関に小田野という名札が掛かったままになっていたそうです。

その家が、今も実在する私の実家です。今でも当時のタバコ乾燥棟が、ほぼそのままの形で残っています。

そのタバコ乾燥棟は、屋根の下に天蓋のある「広島式乾燥高屋」と呼ばれる建築で、内部は、和風の部屋、当時の家具や作業器具の展示・保管室などとして整備しています。

私は、戦後もひき続き水尾役場で働き、半年後には、この実家のある紅葉村の幹事となりました。しかしその後、退職します。日本人が引き揚げて学校の先生が足りなくなったため、教員になるよう勧め

義父・馬有岳の銅像（瑞穂舞鶴珈琲農場）

実家に当時のまま残る広島式タバコ乾燥高屋

藍染研究家の娘・馬藍（馬芬妹）さんと

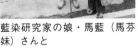

られたからです。

それで紅葉小学校の教員になって、ようやく落ち着いた生活が始まりました。

いま振り返ると、子どもの頃は、何もわからないからノンビリ過ごしていたように思いますが、空襲で怖い目にあったり、食糧難でひもじい思いをしたり、日本人が引き揚げて国が台湾に変わったり、228事件や大陸との争い、これからの台湾の先行きなどを考えると、私の世代は、ずいぶん悩み多い時代を生きてきたものだと思います。

いちばんいけないのは、国と国との争い、戦争です。

もともと台湾人の多くは大陸から来ました。ですから、大陸は祖国です。日本人も昔は同じでしょ？祖国に背くのはよくないです。

私の考えでは、だいたい国のトップ層、学問の高い人は、自分の理想、欲望を満たそうとする気持ちが強い、自分の自慢を大きくしたい、力をもっと大きくしたい、という気になるように思います。それがぶつかって戦争になる。

いまの中国は軍人の力が強い、だから危ない。台湾もむずかしいけど、ケンカしてはダメ。最近は中国もだんだんヤサシクなってきている。

中国の伝統、文化の中に、こんな教えがあります。「知っている者は知らない者に優しく教える。知らないことを怒らない、笑いものにしない。」


（門井啓子）

游景聰さん

ゆう　けいそう。1927年（昭和2年・民国16年）、花蓮県鳳林生まれ。91歳。鳳林公学校、鳳林西国民学校高等科を経て花蓮農業職業学校を卒業。小学校教員を勤めた後、たばこの公売局に転職。定年後、娘夫婦の住むアメリカに移住するも、故郷の台湾・花蓮への望郷の念強く、再び花蓮に戻る。

日本の敗戦、惜しかったな、勿体ないことした！

◆家畜の世話で忙しかった小学生時代

ボクの実家は、鳳林の農家でね、主にタバコと米をつくっていた。

当時は、今のような機械がないから、農作業はたいへんだった。畑づくりの力仕事は、みんな水牛に頼っていた。収穫したものを牛車に乗せて運ぶ、思い荷物や人間を乗せて遠くへ行くのも牛車。だから、水牛は農家にとって貴重な財産。その水牛の世話は、子どもの仕事と決まっていた。

一日の仕事を終えて帰ってきたら、身体の泥をブラシで落として、水で洗ってやる。牛舎の寝床の藁を取り替える、さつま芋を切って、ほし草やヌカと混ぜた餌を用意する。水桶にも水を満たしておく。

この仕事、小学生の子どもとしては、結構たいへんだよ。学校から帰ってきて、農作業を手伝って、夕食までにするのだから忙しい。手を抜くと親に怒られるし（笑）。

◆今でもあの厳格な教育は間違っていないと思うよ

両親は学校で日本語を学ぶ機会がなかったので、家庭では台湾語だけで育った。日本語に触れたのは公学校に入ってから。

ボクは七人兄姉、五男二女の末っ子だった。母がとにかく末っ子のボクを可愛がってくれた。それに、勉強がいちばんできたから（笑）。

ほかの兄弟は手伝いをさせられていた。ボクには、あまり手伝いをしろとは言わなかった。勉強をさせてくれた。学校の担任は星野先生という男の先生で、全教科を教わった。とても優しく、いい先生だった。

高等科に入って日本人の子と一緒になったが、苛《いじ》められたり、悲しい思いをしたことはないね、背が高いことをからかわれたことぐらいかな。

公学校も小学校高等科も、とにかく日本の教育は厳格だったよ。朝礼では国旗の掲揚をするのだけれど、友だちがふざけていて、ボクが少し笑ったように見えたらしい。友だちがふざけていたのに、ボクが叱られた。そのときは、自分ではないのに……と思って腹が立ったよ。

でも、今では、あの厳格な教育、指導も間違っていないと思うようになった。今は緩すぎる。

◆タバコの公売局勤務時代

学校は、鳳林公学校から鳳林西国民学校高等科に進んで、それから花蓮農業職業学校に進学。そこを卒業して、すぐに鳳林小学校の教師になった。まだ20歳にもなっていない若い先生ですよ。

そのときは、戦争が終わったばかりで、日本人の先生が引き揚げてしまったから、とにかく教員不足でね、師範学校を出ていなくても教員になれた。いわゆる「代用教員」ね。


ボクは、その教員を5、6年勤めて、辞めた。どうもボクの性に合わないというか、教師という仕事があまり好きではなかったのでね。

そんなときにタバコの公売局の採用試験があったので、ここなら農業学校で学んだことが少しは生かせるだろうと思って受験したら、運よく採用された。

花蓮農業職業学校時代（後列左から４番目）

結婚式当日の家族記念写真

タバコの生育検査

農学校でタバコの栽培も学んでいたからか、公売局ではタバコの葉の鑑定が主な仕事だった。タバコの葉の品質をみて、1等級から7等級までと、等外に分けていく作業。

毎朝、鳳林の自宅から公売局のあった田浦まで、朝5時過ぎの列車に乗って出勤ですよ。当時は1時間以上かかった。帰りは、夜7時頃の列車で帰ってきた。

妻は、その頃、花蓮女学校を卒業して、隣りの酒の公売局に勤めていましてね。実家が近くの薬局で、ときどきボクが薬を買いに行っていたら、母親に認められて結婚を勧められた（笑）。

そのとき妻は18歳だった。子供は二男一女の3人で、次男は若くして病死した。

公売局を定年退職してからは、妻が中華路で経営していた日本風のコーヒーショップを手伝っていたが、結婚してアメリカに住んでいる娘夫婦が〝来い、来い〞というものだから、店を畳んで、こちらにいた息子の家族と一緒に移住したの。

アメリカで十数年暮らしたけど、やはり台湾が恋しくてね、向こうで妻も亡くなったものだから、なおさら恋しくなって、自分一人、台湾に戻ることにした。

今は、アメリカに住む娘が年に2、3回、台湾との間を往復して、私の世話をしてくれている。やはり生まれ育った台湾、花蓮がいい。

◆北海道でワサビの利いた寿司が食べたい

アメリカでは、あちこち回ったよ。世界中を旅行しました。もうトシだから、あまり動けないけど、訪れるとしたら日本がいいね、お世辞じゃなしに（笑）。

何より近いし、綺麗、食べ物が美味しい。

ボクは、日本が戦争に負けて日本人が引き揚げていくとき、解放されたとか、ホッとしたとかいう気持ちはなかったよ。台湾人にとっても、惜しいな、と思った。勿体ないと思ったよ。

だって、そうでしょ、日本人の「時間を守る」とか「他人に迷惑をかけない」とか「素直、まじめ、正直」という教育や精神は、とてもいい。ボクの世代は皆、戦後、国民党軍に辛い思いをさせられたから、日本時代を懐かしがる。

それだけじゃない。

日本時代は、仕事に関しても、個人の経験や知識、技術を尊重してくれましたよ。

日本が残した財産を全部引き継いだ国民党は、まじめ、正直、勤勉の精神を引き継がなかった。自分たちは素人なのに、われわれ専門家の話を聞かない。ボクがアメリカに渡ったのも、そういうやり方に嫌気がさしていた面がある。

ボクの世代の人間の多くは、日本時代のほうが良かった、と思っているだろうね。

いま、台湾がなぜ親日国かというと、日本が統治した50年間の実績があらゆる面で実って、われわれの日本語世代が日本時代を懐かしく、良い思い出として言い伝えてきたことも、その理由にあるのではないかと思う。

そんな日本に、また行きたいね。景色がきれいで、人が優しい。騙されないし、食べ物も美味しい。北海道がいいね。

寿司が食べたい。寿司には、わさびがないとダメ。北海道で、わさびの利いた寿司が食べたい（笑）。


（松本洽盛）

黄松徳さん

こう　しょうとく。日本名・岡森ロオ。1925年（大正14年・民国14年）、花蓮県鳳林生まれ、93歳。戦後30年にわたりアミ族の「頭目」を勤め、部族の地位向上に努めるとともに、里長、鎮民代表として地域の発展に尽くした。

わたしには大和魂、日本精神が残っている

◆家業は女が継ぎ、男は養子へ出るのがしきたり

わたしは大正14年生まれで、今年、93歳になります。

生まれたのは日本時代に鳳林蕃社と呼ばれていた村。蕃社というのは原住民の部落。

当時は、原住民のことを蕃人と呼んでいたのだが、そういう蔑称はよくないというので、地名が「南里」に改められ、現在は「鳳信里」に変わった。

鳳林のアミ族は、祖父の時代に上大和（現・光復）から移り住んだものです。

東台湾はアミ族の多いところですが、とくに上大和はほとんどがアミ族です。

同じアミ族で部落が近くても、言葉が少しずつ違います。結婚もできません。

祖父の時代になぜ鳳林蕃社に移り住んだのか、正確なことはわかりませんが、平坦地が空いていたこと、近くに水源地があることなどが理由として考えられます。

水源地の山地奥には、別の原住民族がいますが、当時は、山地族にまだ首狩りの習慣が残っていましたので、その危険から防護するため、ひと塊の部落になったのが鳳林蕃社です。

戦後、ここ鳳林鎮山興村に移ってくるまでは、小学校時代から大人になるまで、ずっと鳳林蕃社、今の鳳信里に住んでいました。

わたしは、男5人、女2人の7人兄妹で、5男です。

アミ族の家庭では、本家を継ぐのは女と決まっていて、男は大人になったら外へ養子に出るのがしきたりになっています。

だから、わたしの場合も、姉が本家を継いで、わたしがここへ移り住んだというわけです。民国34年(昭和20年)、20歳のときです。

◆日本人、平地人に負けまいと勉強に励む

小学校は、日本人が行く林田小学校。

アミ族の子どもは、平地人(漢人)と同じ公学校に行くのが普通なのですが、わたしは日本人が行く林田小学校です。ここには高等科もありました。

アミ族(原住民)や平地人のファンレン(漢人)は、日本人の学校には限られた者しか入れません。まず日本語家庭であるとか、この子は成績が良くて、将来のアミ族にとって必要な人材になる子だから、といった条件がありました。

そのうえに、郡守、警察署長、校長先生の3名の保証が必要でした。わたしのときは、アミ族はわたし1人、あと平地人1人だけでした。

大勢の日本人の中で、日本人や平地人に負けたらいかん、という気持ちがありましたから、勉強はよくしました。アミ族はわたし1人だから、代表の気持ちもあった。

しかし、家に帰って勉強しようと思っても、なかなか時間が取れなかった。昼は家の仕事の手伝いがある、夜は、家で電灯つけて勉強していると、おばあさんが怒る。

「松徳、電灯を消せ!もう勉強やめろ!」

電灯代がもったいないからって。

電灯は家にしかない、道には電灯がない、勉強する時間も場所も、思うようにならない。とても困りました。

だから、教室で先生の説明を良く聞いて勉強しました。

日本の教育は、とても厳格。

日本人の先生も、勉強には厳しかった。頑張って成績が良かったら優しい、可愛がってくれる(笑)。でも、勉強しない、成績悪い生徒には厳しい。差別する、怠けが過ぎると、叩くこともある。

あるとき同級生の一人が昼食の時間に言いました。

「先生、弁当を持って来られなかったので家に帰って食べてきてもいいですか?」

先生は笑いながら、吸いかけのタバコをその子の耳に押し付けました。その子は〝あっちっち!〟といって飛び上がった。先生は、

「明日は必ず弁当を持ってきなさい」

といって帰ることを許した。

その子の朝ごはんは、芋の入ったお粥だった。さ

らさらのお粥、弁当に入れて持って来られますか？

わたしにも、朝ごはんが芋のときがあった。弁当を持って行けない。先生に言ったら、

「よろしい、帰って食べてきなさい。」（笑）

先生の言うことをよく聞いて勉強する子には〝ひいき〟する、ちゃんと扱ってくれる、勉強きらいな子は差別される、苛《いじ》められる。

これは、教育する先生としては欠点です。先生は優しい人が多かったけど、なかにはイタズラの強い先生がいた。

あるとき、〝修身の本には、苛《いじ》めはイカンと書いてある、なのに教える先生がなぜ苛《いじ》めるのか？〟と家に帰って母に訴えました。母は警察に訴えた。でも結局、先生にはお咎めなし。

やっぱり、日本人は日本人を庇う。子どもでも「おかしいじゃないか？」と思っていました。

なぜ日本人、平地人、原住民が同じことをして原住民は差をつけられるのか？　わたしが初めて疑問を持った体験でした。

◆悔しく、悲しかった労賃の差別

同じような心が痛むことは、青年になってからも体験しました。

当時、日本は東部台湾を開発するために、花蓮・台東間の道路と鉄道の建設、花蓮港の築港工事などが進められていた。

その工事にわれわれアミ族、平地人が労役として狩り出された。これは拒否できない、みんな義務だから。拒否したら牢屋に入れられる。だから、我慢して従っていた。

鉄道の盛り土作業、暑い中で台車に土石を積み込んで運ぶ。1日12時間、1か月に15日間を3か月に

わたって15名単位で交代制、その間は休みもない。

わたしも、2回ほど狩り出されました。高等科の夏休みのときでしたから、15、6歳の頃です。

1日の労賃は75銭、今のおカネにしたら75元でしょうか。

ところが、平地人（漢人）は100元です。日本人はもっと高い。

同じ仕事、同じ12時間働いてなぜ差をつけるのか？国家への三大義務といわれる教育、納税、治安は素直に果たしているのに、なぜ義務づけたうえに労賃まで差別するのか？

われわれアミ族は、平地に住んで田んぼを耕す農耕民です。他の原住民に比べて温和で従順といわれています。国家の政策にも協力的に従う。

山地の部族は違います。

圧迫されたら抵抗する。統治政策にも従おうとしない。

山地の部落には、平地人は、たとえアミ族でも証明なしには入れません。無断で入ったら彼らは必ず殺します。当時は、そういう時代だったのです。

そんなときに、従順で協力的なわれわれアミ族が、半ば強制的に労役に狩り出され、しかも労賃まで差別するのか。わたしはとても悔しくて、悲しかったのを覚えています。

◆気さくな刑事、酒癖の悪い刑事

日支事変が始まった頃から、統治政策は、法律的にも政治的にも厳しくなりました。ただ、法律を犯さない限り、不安とか怖いといったことはなく、平穏でした。

最前線でわれわれと接する警察官にしても、犯罪の取締りは厳しいけど、普段は穏やかなものでした。

鳳林警察署にいた沢井刑事さんなどは気さくな人で、普段からわれわれと交流して、一緒に酒を呑んでいました。だから、泥棒や事件があっても、すぐ解決した。仲間だから、秘密や情報を沢井さんに提供する。アミ族は日本人の味方だった。だから、この村では悪いことができない（笑）。

でも、酒ぐせの悪い人もいました。

月見祭、いまでは豊年祭といっていますが、部落の月見祭に鎮長をはじめ警察幹部、駅長さんたちも招かれる。その中にTさんがいた。

Tさんは突然、用意した酒が足りないといって怒り、接待している部落の者を罵倒して、蹴飛ばした。反抗はできません。それが統治社会、統治する者とされる者の関係でしたから。

でも、どうして静かに言ってくれないのか？

人間はみな魂があるのです。なぜ相手を動物のように見下げたり、蹴ったりするのか？

お祭りだから、酒が好きな人なら倒れるまで飲みたい、という気持ちはわかります。

でも、悲しいかな、当時のわれわれには、貧しくて十分なお酒を用意するだけの資金、予算がなかったのです。

こんなこと、過ぎたことだから、あまり言いたくないのですが、当時のわれわれアミ族の痛みを、遠くから訪ねてくれたあなたの心にとどめておいてくれたらいい。

◆いちばん会いたい日本人、渡辺さん

わたしは、小学校高等科を卒業してすぐに上大和（現・光復）にあるセメント会社に就職しました。原住民はあまり日本語ができないので、なかなか入れません。幸い私は日本語ができたので、入社でき

た。

そのときの上司は、渡辺さんと松尾さん。とくに渡辺さんは日本語ができる私を可愛がってくれた。仕事もしっかり指導してくれたし、渡辺さんの家にも招待された。

その渡辺さんが壽にある軍需工場に移ることになり、渡辺さんから一緒に行ってくれないか、と誘われました。わたしは仕事にも慣れたところなので留まりたいと思ったのですが、「どうしても君が必要だから」と言われて移ることにした。渡辺さんに信頼されたことが、とても嬉しかった。

その会社は、揮発油を製造する軍需工場だから、入社の条件が、とても厳しい。試験と面接があって、原住民で入ったのは、わたし一人。

当時は、わたしたち原住民も皇民と呼ばれていました。わたしは、入社した皇民グループの責任者に任命されました。

仕事はアンモニア、石灰など三種類の原料を加熱、融合して揮発油をつくるのですけど、百度を超えると爆発する危険な作業。危険ブザーが鳴ると爆発しないようにバルブ調節をする。

だけど、みんな怖がってやりたがらない。嫌でも責任者のわたしがやるしかない。

そんなとき、渡辺さんは飛んできて、一緒にやってくれました。とても責任感の強い人でした。今でも、いちばん会いたい日本人は渡辺さん（笑）。

戦後、日本に行ったとき、探そうと思ったけど、住所も知らない、名前も渡辺しか知らないから、どうにもならなかった。

渡辺さんは、相撲も柔剣術も強かった。

在郷軍人や現地人が集まった大会でも、いつも優勝していた。誰も勝てない。でも普段はとても優しい、おとなしい人でした。

◆志願した海軍は、わたしの誇り

わたしは、壽の軍需工場にいるときに志願して海軍に入りました。昭和19年、19歳でした。

志願したのは、戦況が厳しくなって、周りにも志願する者がいたこともあったけど、なにより渡辺さんが転勤していなくなっていたことが大きい。それに、次兄が高砂義勇隊に入隊して、ニューギニアで戦死したこともある。

本来なら6か月の訓練期間が、4か月に短縮されていました。兵隊が足りなくて正規の訓練をする余裕がなかったのでしょう。

わたしが配属されたのは高雄の海兵団。そこで米軍の爆撃に晒されながら出撃の命令が下るのを待っていました。

ところが、高雄港に停泊していた駆逐艦や、ほとんどの艦船が米軍の爆撃で沈められた。そのために港から出るに出られない。

結局、もう台湾に残って台湾を守るしかないということになった。それから間もなく終戦になるのですが、あと半年延びていたら生きていなかったかも知れません。

2年弱の海軍生活でしたが、海軍は、わたしの憧れだったし、誇りでした。

夏は白い水兵帽、冬は黒、格好いい、マナーもいい、規律もしっかりしている。

だから、帽子も軍旗も大事に持っています。わたしが生きている限りは残しておきます（笑）。

◆終戦直後、いちばん嫌な、辛く、苦しい時期

20歳のときに終戦。

頭目時代に家族と

自慢の水兵帽と旭日旗を手に

頭目時代の正装

除隊になったわたしは、故郷の鳳林に戻って農業に就くのですが、大変な生活が待ち構えていました。

わたしの家は15人家族、実家の水田は3公歩ほどありましたが、米を収穫しても全部徴収されてしまう。

日本時代の供出よりも遥かに厳しい。食べる分は配給。毎日毎日がダンゴと芋だらけのご飯でした。

それだけではありません。

大陸から来た当初の国民党軍は、アミ族の村の犬を一匹残らず捕えて行きました。多分、食べるのでしょう。

バナナはもちろん、畑の野菜や芋も全部取っていく。村の人間が見ていても平気。何しろ相手は鉄砲を持っている兵隊で、話も通じない。

あのときは、大陸の軍隊には規律はないのか、道徳はあるのか、良心はないのか、と思いましたね。全く信じられない光景でした。

台湾の政治をするなら、役所や軍隊は民衆の安全を守るのが仕事のはずじゃないか。それが反対に、民衆を苦しめることをやっているのだから、誰だって怒る。

それから間もなく228事件が起きました。あの頃がいちばん嫌な、辛い苦しい時期でした。

その頃は、日本の内地も大変だったらしい。

戦後、だいぶ経ってから、わたしの担任だった江口先生を同窓会に招いて話を聞いたけど、酷い爆撃を受けて、なかなか復興が進まない、食べるものも不自由していると言っていた。

〝バナナが食べられる台湾が羨ましい〟って(笑)。

台湾はようやく228事件も収まって、世の中も少し落ち着いてきた時期でした。生活がどうにか安定してきた民国49年(1960年)頃です。

◆大河に橋なく、棺桶を担いで渡った時代

当時、地方の選挙が始まり、わたしは人民代表に選ばれました。

以来、第3回までの12年間にわたって代表委員を勤めました。

報酬はありません。会合のあるときだけ日当700元。国も貧しい、地方政府も貧しいから出せない。

この村から鳳林の町へ出るのに徒歩で2時間半、牛車で3時間かかった。花蓮渓という大きな川を越えなければならないのですけど、橋がないのです。

当時はまだ、あの長い花蓮渓に一本も橋がかかっていなかった。

だから、ズボンを脱いで、荷物を頭に載せて渡るしかない。葬式が出て遺体を鳳林の焼き場に運ぶときは、男たちが棺桶を担いで渡る。

当時、自動車は、鉄道線路に板を敷いて、そのうえを走っていた。

代表委員をしていたわたしの場合、会合が夜になることも珍しくない。そのときは、真っ暗闇の中を裸で、胸まで水に浸かって渡る。

台湾でも、冬の水は冷たいよ。若くて情熱があったからできた。いま思い出すと笑ってしまいますけど、当時は橋がないから当たり前のことでした。

ようやく橋ができたのが蒋経国総統のときです。この架橋の裏には悲しい事故がありました。

雨が降って水嵩が高くなっていた日、4人の教師が男女一組になって渡ろうとしたのですが、一組の教師たちが流されて、亡くなられたのです。張箭と鄧玉瑛先生の二人です。

事故を知った政府が直ちに橋を架けました。

橋には、亡くなった二人の名前の一字を借りて「箭瑛大橋」と名付けられました。

橋の北側には「箭瑛公園」がつくられ、大橋を渡って鳳林の街中に通ずる道路は「箭瑛路」と名づけられたのです。

◆30年間、「頭目」としての誓いを守り通して

わたしはその後、民国67年（昭和53年）に、この地区のアミ族の頭目に推挙されて、民国97年までの30年間勤めました。

頭目というのは、まず健康で賢明であること、その使命はアミ族を守り、アミ族のために働くこと。部落に道路をつくる、橋を架ける、新しい事業をする、そんなとき部族民の意見を聞く、役所と交渉する、そして最後は頭目が決定する。判断や決定は公正妥当でなければならない。権限がある代わり責任も重いのです。

30年も頭目をやっていると、農会や町会の代表、警察からの相談、住民代表など、いろんな役目を頼まれる。だから、ほとんど毎日のように会合に出る。毎日、褌一つで川を渡らなければならない（笑）。

頭目になったとき、自分に言い聞かせました。

「この世に生まれて頭目に任じられたのは宿命、自分の能力を存分に発揮して世を去っていこう」と。

今は若い人に譲りましたが、長老として気がかりなことがないではありません。

かつては、水利料だの、豚、牛を殺しても税金、税金だった。今は、税金もだいぶ軽減された。原住民には、政府からかなり厚い保護がある。老人には、月7000元の補助。若者にも優遇措置がある。

そういう環境に甘えて酒におぼれている若者が多い。その結果どうなったか。なんと青壮年の4割が痛風、アルコール障害、寝たきり、若死にの状況だと言われている。

鳳林蕃社時代の文化活動

橋のない時代——棺桶を担いで川を渡る

犠牲者二人の名前を借りて「箭瑛大橋」と名付けられた

かつての鳳林蕃社、今の鳳信里は花蓮県ナンバーワンの長寿村だった。花蓮県は台湾のナンバーワンです。それが今は若死にの村に化そうとしている。何とか正さなければならないとは思いますが、時代の波に押し流されるばかり、今のわたしには心を痛めるぐらいしかできない。嘆かわしいことです。

そういうわたし自身、振り返ってみると、あの貧しい時代に毎日毎日、会議や相談ごとで家を空けてばかり。子どもは3人、何もかも女房任せで、自分の茶碗（ご飯）のことは考えない生活でした。いま考えたらバカみたい（笑）。

女房にいちばん苦労をかけた。「すまない」と思っています（笑）。

◆いまは日本の歌を愛唱する日々

これからの台湾？……うーん、難しい問題だね。

いま台湾と日本は正式な国交関係はないけど、とにかく台湾と日本は兄弟みたいな関係にならなければならない。

台湾に地震災害があると、日本はいち早く救援にかけつけてくれる。台湾も東日本震災のときは支援をして、多くの日本人から感謝された。

津波の様子をテレビで見たけど、恐ろしくて、気の毒で心が痛んだ。これからも兄弟みたいに助け合っていかなければならない。

それにしても、日本が降伏したとき、なぜ台湾を大陸に返還したのか？

台湾の帰属を放棄すべきじゃなかった。そのままにしていてくれたら今頃は独立できたんじゃないか。今となってはそれも困難。若い者は簡単に独立を叫ぶが、それも危険。

いずれにしても、自由と平和を守るためには、台湾は日本とアメリカと仲良くしていかなければ、と思う。

といっても、年金暮らしの老人には何もできません。今の自由と平和を願うだけ。

今は、こうして大学ノートに書き溜めた、好きな日本の歌を口ずさんでいる毎日です。

あなた、この歌を知っていますか？

♪やよい子ら　励めよや
学べ子ら　子どもたちよ
慕え慕え　倒れてやみし先生を
歌え子ら　思えよや
すすめ子ら　国のため
思え思え　遭難六氏先生を

この歌は、日本の文部省が台湾の子どもたちに教育を普及、向上するために派遣した6人の先生を歌ったものです。若くて優秀な、高い志を持った6人の先生が、自ら志願して台湾の子らの教育に携わっていたのですが、何を誤解したのか心無い原住民に襲われて犠牲となった。

台北の芝山巌の丘には先生たちを慰霊する「学務官僚遭難の碑」が残されています。

わたしは、趣味はあまりないけど、歌は好き。日本時代の年寄り仲間が集まった酒の席では、よく歌わされます。

仲間も日本の歌をよく知っている。「蛍の光」も全部歌える。

♪花は霧島　サクラはクニワケ（国分＝こくぶ）
燃えて上がるは　オハラハー　サクラシマ（桜島）

民国39年頃に台湾でも流行った「骨まで愛して」も大好きです。あなた知ってるでしょ、城卓也が歌ってる。

♪生きてる限りは　どこまでも
探し続ける　恋ねぐら
傷つき汚れた私でも
骨まで　骨まで
骨まで愛して　欲しいのよ

軍歌でよく歌うのは露営の歌。

♪勝ってくるぞと　勇ましく
誓って国を出たからは
手柄立てずに死なりょうか
進軍ラッパ聞くたびに
瞼に浮かぶ旗の波

私がいちばん好きな軍歌は、「出征兵士を送る歌」です。

♪我が大君に召されたる
命栄えある　朝ぼらけ
讃へて送る　一億の
歓呼は高く　天を衝く
いざ征け　兵（つわもの）
日本男児

私には、まだ大和魂、日本精神が残っている（笑）。歌はいいよ、歌っているときは平和。平和がいちばんだね。

（門井啓子）

曾潤英さん

そ　じゅんえい。日本名・藤田みち子。1931年（昭和6年・民国20年）屏東県高樹生まれ。87歳。高樹国民学校、屏東高女を卒業。家事手伝いの後に結婚、4人の子をもうける。52歳のときに、定年退職した夫とともにカナダのトロントに移住。10年前に夫を亡くし、現在、冬季は台湾、夏季はカナダで過ごす生活。

高女時代の教育、礼儀作法には ホントに感謝しています

◆田舎の大家族に生まれて

わたしが生まれたのは、屏東県高樹の大津というところでね、山の中の田舎ですよ。空気はいいし、景色もきれいなところです。

ウチは古くからの大きな農家で、父は農会、日本では農協というそうですが、その農会の事業を手広くやっていました。米を中心に扱っていたので、それを運ぶ牛車が入れ替わり立ち替わり出入りしていましたよ。

牛車は今でいうならトラックですね。

わたしの実家は大家族でね、50人から60人の親族が1か所に住んでいました。屋敷も大きくて、とにかく広い。客間も沢山ありました。会社みたいなものですよ（笑）。

ですから、経済的には恵まれていましたね。あの頃は珍しかった自転車や蓄音機が家にはありましたし、何しろ高樹の村でいちばん最初にバイクを持った家として知られていましたから（笑）。

でも、どういうわけか、日本に留学できるのは、たとえ経済的に余裕があっても各家庭につき1人だけ、というルールが各親族内にありましてね、それも男の子優先ですよ。

わたしには3人の兄がいましたが、男の子はいずれ家長になるのだし、1人に限ったのは公平を期すためだったのかもしれませんね。

家庭の経済に恵まれていたおかげで、学校時代は家業の手伝いもしなくてよかった。ただ勉強すればよかった。山の中の田舎育ちでしたけど、みんなよく勉強しましたよ。

◆忘れ得ぬヨセヤマ先生

小学校は台湾人だけの高樹国民学校。もっとも、あんな田舎には日本人は住んでいないからね、せいぜい役所か警察官ぐらいでしょ、だから近所に日本人の子どもはいない。原住民はもっと山の奥に住んでいるので学校も別。

日本語は国民学校に入って初めて習いました。いちばん最初は、「あいうえお」の五十音、次に、ひらがな、カタカナ、そして、はな、バナナ……といった単語。少し単語を覚えたら、「これははなです」「バナナはいくつありますか」……文章の勉強ね。

わたしのウチは大きいお兄さん、お姉さん、従兄妹たちがいて、みんな日本語話せるから、わたしはなんとなく日本語わかっていました。だから、あまり苦労はなかったね。親族の兄弟姉妹の誰か一人は日本に留学して、帰って来たら家業の農会で働くからみんな日本語が上手。わたしの伯父の子どもも高雄商業を出て、日本に留学して、帰ってから台湾銀行の経理で活躍していました。

高樹国民学校みたいな田舎の学校にも日本人の先生が4、5人いましたよ。みんな独身で、先生の宿舎に住んでいました。

わたしは4年生になったときから日本人の先生に習ったの。ヨセヤマ先生といってね、とーっても、とーってもいい先生。

わたしの日本名は藤田みち子というのだけど、これもヨセヤマ先生がつけてくれたの。

授業はみんな日本語。台湾人の先生はゆっくり話すけど、つまずくから聞き取りにくい（笑）。

日本人の先生は早口でしゃべるけど、ヨセヤマ先生は、わからない顔していたら繰り返し、繰り返し説明してくれる。とっても親切で熱心な先生。学校が終わってからでも、勉強したかったら先生の宿舎に行けば教えてもらえるの、とってもいい人。

わたしは国民学校を出て屏東高等女学校に入ったの。当時の高等女学校はほとんどが日本人の子弟で、台湾人の子は2、3人しか入れない。わたしのときも2人だけ、前年度は合格者が1人もいなかった。

屏東高女は一学年に3クラスあって、一クラスが40人から50人、その中に台湾人の生徒が3人ぐらい。だから台湾人の子はみんな優秀な子ばっかり。わたしは運がよかっただけ、ヨセヤマ先生のおかげです（笑）。

その先生とも女学校2年のときに光復（終戦）になってお別れ。とても寂しかったよ。

でも光復になってから十何年後だったか、国民学校の同窓会をやったの。そうしたらヨセヤマ先生来てくれたのよ！嬉しかったあ（笑）。

◆人生の指針を与えてくれた学寮生活

女学校に入ったものの通学が大変なの。学校は屏東の町の中でしょ、私の村からはバスで1時間半、自転車なら4時間以上もかかるからとてもムリ。バスの本数だって少ない、ときどき遅刻してしまう。だから、学寮に入ることにしました。

学寮生にはもちろん日本人の学生も沢山いました。舎監も日本人の女の先生で、独身でしたけど、生徒のしつけにはとても厳しい人でした。走らない、静かに歩く、大声で話さない、食事のマナー、なんでも教えてくれました。間違っていると必ず注意して、また教える。

でも、とーっても親切、いい人、忘れない、本当にいい先生でした。

学寮生活は、わたしの人生にとって、とても良い経験でした。人との接し方、礼儀作法から生き方、考え方に至るまで、学寮時代に教えられた一つひとつがわたし自身の指針となっています。つくづくそう思います。

国民学校のときは、せいぜい〝周りの人に迷惑になるような大きな声を出してはいけません〟と注意されるぐらいです。礼儀作法は習いません。

学寮は違います。共同生活の規律、助け合いの精神、礼儀作法、勉強の仕方まで身に付くようになります。

寮は畳の生活で、普通は6人部屋、小さい部屋は4人。各部屋には上級生から下級生までが割り当てられます。

1、2年生は部屋の奥のベッド、3、4年生は部屋の手前のベッドで寝ます。

下級生は上級生のことを「○○お姉さま」って呼ぶの。名前で呼びません。

毎日、4時に学校が終わると、外に整列して寮まで揃って帰るの。それからお部屋の掃除をして、お風呂に入る。お風呂は10人以上も入れるタイル張りの大きなものでした。当番が決まっていて、入る順番も4年生から1年生まできちんと決められているのよ。

食事は食堂でみんな一緒に食べるの。ご飯を作るのは日本人のおばさん。配膳は上級生が手伝ってくれる。箸の使い方、お椀の持ち方、食べ方が間違っていたらみんな上級生が教えてくれる。

食べているときに大きな声を出したり、パパッと急いで食べたりしたらね、舎監の先生が肩をポンポンと叩いて、「あとで先生のところへいらっしゃい」って。終わってから先生のところに行くと、「これこれこういうことは、しちゃいけないのよ、こういうようにしなさいね」って教えるのよ。みんなの前では決して言わない。自尊心を傷つけない、とても優しい、生徒を大事にしてくれました。

勉強の時間になると、とっても静か。みんな一生懸命に勉強する。

学寮生活はとても厳しかったけど、きちんとルールを守っていたら、みんな優しい、優しく教えてくれる。おかげで話し方、歩き方、食事の仕方、立ち居振る舞いも、礼儀作法もしっかり身に付きましたよ。学校だけでは習えなかったと思います。学寮生活にはほんとに感謝しています。

◆父の深い情愛に泣いた

でも、大東亜戦争の最後のほうは大変でした。

アメリカ軍の空襲が始まって、屏東にも飛行場があるからそこを目がけてたくさん爆弾を落とす。女学校は飛行場に近いところにありましたから、とても不安でしたね。

ただ、空襲の時間は決まっていて、毎日夕方の6時と夜の10時、定期便みたいでしたから、その時刻が近づくと校庭に掘った防空壕に入って空襲が終わるのを待ちました。10時の空襲のときは、防空壕に入ってそのまま寝ます。その繰り返しでした。毎日のことだから、防空壕の寝床は上等につくってありましたよ（笑）。

空襲がなかった頃は、毎週、金曜日の午後に実家に帰って、日曜日に戻る。そのときはバス。途中に川があるのだけど、橋がないから、竹で組んだ小さな筏で渡って、またそこからバスに乗る。冬は川の水が枯れているからバスで渡れる（笑）。

空襲が激しくなってからは授業ができないから休校になるでしょ、通学生は家に帰されるけど、わたしたち学寮生は帰ってはいけないの。残って、学校を守るのです。

アメリカ軍は飛行場にたくさんの爆弾を落とすでしょ、それがウチの田舎からも見えたらしいのね。

私は女の子だから、お父さんは、心配で心配で寝られない。それで、山道を4時間もかけて町の学校まで来るのよ、自転車で夜中の1時、2時ですよ。学寮に来て、わたしの無事を確認したら、それからまた4時間かけて帰る。空襲はほとんど毎日ですから、翌日も夜中に来ます。

わたしは、安心したお父さんの顔を見るのは嬉しいけど、お父さんはほとんど寝ていない、疲れ切っている、可哀そう。

わたし、お父さんの優しい親心が有り難くて、悲しくて、可哀そうでね、防空壕の中で泣いていました。

今でも、あのときのことを思い出すと泣けてきます。

◆警察官に隠して食べた白いご飯

食べることでも苦労しましたね。

米をつくっていても、戦地の兵隊さんに送るため供出で持っていかれるでしょ。わたしたち国民は白いご飯を食べたらいけないって。

警察が毎日調べに来るのよ。ご飯食べていたら叩かれる。

兵隊さんは〝腹が減っては戦はできない〟（笑）、国も苦しい、仕方ないよ。

でも、芋だけでは辛いよ。蒸したり炊いたりするけど、芋だけでは生きられないわよ。

ウチのママは偉かったね。警察は毎日一定の決まった時間に来るのを知っていたから、自分の田んぼで穫れた米を裏の甘蔗畑やサトウキビ畑に隠すの。警察が来て鍋の蓋を開けたら芋しか入っていない。警察は「ヨシッ！」といって帰っていく（笑）。

わたしたち、ママのおかげで白いご飯をいただいていました。肉も食べていました。肉は戦地に送れないからね。芋はおやつ（笑）。

あの時代、食べることにはお互いに苦労しましたね。

学寮生活でも、舎監の先生からいつも倹約の大切さを教えられました。

倹約の美徳を教えられ、辛い食糧不足を体験したおかげで倹約が身に付きましたね。食べ物はゼッタイニ捨てない、もし余って不要なら必要とする方にお分けする、捨てない。贅沢もしない、というのが当り前になっています。

子どもたちにも、人生はいいときと悪いときがあるから贅沢をしてはいけない、って教えています。

◆どこの土地でも「住めば都」ですよ

今は1年のうち半分はカナダのトロントに住んでいます。弟と二人の娘がカナダに移住しているのでね。冬のトロントは寒いから高雄で過ごす。夏の台湾は暑いのでトロントで避暑という生活です。

高樹の実家はみんな売ってしまって誰もいません。夫も十年前にトロントで亡くなりました。

今こうして振り返ってみると、わたしの日本統治時代には空襲とか食糧難とか苦しいこともありましたが、まあ満足していますよ。遊びはあまりなかったけど、日本人の先生にとっても良くしてもらったし、宿舎で勉強教えてもらったし。何よりきちんとした躾を身に付けてくれたこと、有り難いと思っていますよ。

いちばん強く思うのは、そのことですよ。学寮生活で教えられたこと、身に付けたものがあるから、異国のカナダに行っても台湾にいても、恥ずかしくない、きちんとした態度で生きていける、そう思っているのです。

台湾はわたしの故郷ですから、できれば古き良き故郷の面影は少しでも残っていてほしいとは思いますよ。でも、住めば都というように、慣れたらどこも都になるもの。

だから、台湾でも中国でも大陸でも、何でもいい。わたしは、どっちでも生きていけますよ。心配していない。ただ、わたし台湾生まれなのに暑いのは弱いのよ（笑）。

（門井啓子）

林秀吉さん

りん　しゅうきち。日本名・安村秀吉。１９２６年（大正15年・民国15年）花蓮県玉里生まれ。92歳。アミ族出身。玉里公学校、花蓮港農学校卒業。海軍に志願（特別志願兵第二期、高雄海兵団）、千葉県布良の館山海軍砲術学校（特十二期練習生）を経て駆逐艦に乗艦。五島列島沖にて米軍潜水艦の魚雷攻撃を受け轟沈、漂流ののち帰還。

生涯の親友・宏クンのこと、駆逐艦轟沈のこと

◆土匪に集落を襲われてちりじりに

――このお名前はどう読めばいいのですか？

林　ボクはアミ族出身、アミ族としての名前はパチタル秀吉（ヒデヨシ）、台湾人名は林秀吉（リン・シュウキチ）、日本人名は安村秀吉（ヤスムラ・ヒデヨシ）

――大正15年生まれとなっていますが、生まれてからずっとこの村で育ったのですか？

林　本当は大正14年生まれ。お母さんの話では、二期目の稲刈りの時期に生まれたっていうから、多分、暑い夏だね。昔は出産した翌日から働いていたぐらいだから、忙しくて出生届なんか後回しになっ

て、翌年に届けたらしい（笑）。

ボクが生まれたのはこの楽合の村。昔は落合（おちあい）っていったの。落という字はラクとも読むから、戦後字を変えて楽合になった。でも、その頃は、草ぼうぼうの山で、20軒程度の貧しい部落だった。家もこんな立派なものじゃなかった。お母さんが子どもの頃に、ここへ逃げてきたの。

――どこから、なぜ逃げて来たのですか？

林　日本が日清戦争に勝って台湾に来た頃までは、ボクたちのアミ族は瑞穂温泉のあたりに部落を作っていたの。

部落では毎年、神様に「収穫ありがとう」っていうお礼をする日がある。今の豊年祭だね。その日は、みんなで川に行って魚をとったり、川の水で身の穢れを流す意味で行水をする。

ある年のこと、別の部落の二人の青年がその行事を妨害した。それで喧嘩になって、頭目の命令で二人の頭を川に突っ込んでお仕置きをした。二人は自分の部落に帰って、お仕置きされたことを訴えたんだね。

今度は、訴えを聞いた向こうの役員が乗り込んできて言い争いになった。結局、神聖な祀りごとを妨害するほうが悪いのだから、向こうが負けたわけよ。ところが、負けたほうは気がおさまらない。

「よし、あの部落を潰してやれ！」

ということになったらしい。

それで、別の部族の高山族を雇って、われわれの部落を急襲して来たのよ。高山族は、「なぜオレたちの若者を殺した！」といって襲ってきたらしいが、われわれアミ族は、絶対に人を殺しません、昔からずっと。

でも、その頃の高山族にはまだ首狩りの習慣が残っていたぐらいだから、ちょっとした争いでも他部族を襲う。日本人が来た当初は、駐留兵や警察官、住民も高山族に襲われて犠牲になった。

ボクたちアミ族は、決して他部族を襲撃して殺したりしない。そのかわり、部族を守るために固まって住む。伝統的に団結力が強い、そういう文化を持っているのよ。

だから、昔から部落を守るように、村の入り口に家が並んで建てられているのだけれど、その両端の家に火を放たれたから、たちまち燃え広がってしまった。

「土匪の襲撃だあ！みんな逃げろ！」

という頭目の号令で、みんな西に東に、ちりじりに逃げた。水牛も豚も鶏も何も持たずに逃げた。そうして辿り着いたのが、ここの楽合というわけよ。

そのときの襲撃で、ボクのアマァ（祖母）がどこへ逃れたのかわからなくなった。ずっと、わからなかった。

◆生涯の親友・宏クンとの出会い

――すると、この村で子ども時代を過ごしたわけですが、当時、このあたりには日本人は住んでいたのですか？

林　いません。だって、当時は草ぼうぼうの山の中だもの、日本人は住まないよ。玉里の町のほうには警察や役所があったから少しは住んでいた。

でも、ボクには宏クンという友達がいたの、大の仲良し、小学校のときからの親友。死ぬまでずっと親友だった……。

――「だった」というと？

林　去年亡くなった……うん。

――宏クンはどんな方ですか？

林　名前は国田宏、お父さんが正二さん。お父さんは住田物産という会社の偉い人で、台湾でも有名になった瑞穂珈琲を開発した功労者。ほかにも、花蓮で肥料や、たわしをつくるデリスという会社をやっていた。

――宏クンとは、どこで、どういうきっかけでお知り合いになったのですか?

林　ボクはアミ族出身で、ここに住んでいたの。ここから台湾人が行く玉里公学校までは遠くて、とても通えない。だから、公学校の寄宿舎に入れてもらった。小学校のときから寄宿舎なの。

ボクが3年生のとき、宏クンのお姉さんのトシ子先生が、1年生の担任で赴任してきたのよ。それで、トシ子先生も公学校の宿舎に住んだの。

宏クンの家は、玉里の隣りの瑞穂だけど、珈琲農園だから山のほうにある。日本人が行く瑞穂尋常小学校までは遠くて通えない。そこで、ボクの玉里公学校の近くにあった玉里尋常小学校に行くことにして、トシ子先生の宿舎で一緒に住むことになったわけよ。

宏くんの玉里尋常小学校とボクの公学校は線路を挟んですぐ向かいにあったの。今は両方とも玉里国民中学になっている。トシ子先生の宿舎もボクの寄宿舎と同じ公学校の敷地内にあったから、近い。

それに、自慢じゃないけど、ボクは1年生のときから級長。級長は、先生が教室に入ってきたら、「起立!礼!着席!」って号令をかけるのが役目。朝礼でも、みんなを整列させる。

下の2年生、1年生の面倒もみる。まだ小さいから寝小便もする、臭い、着替えがないから洗濯してやる。たいへんよ(笑)。

だから、トシ子先生もすぐ覚えてくれて、可愛がってくれた。ボクも先生に懐く、尊敬する。

学校は違うけど、宏クンも同じ3年生、学校が終わってトシ子先生の宿舎に帰っても、お互いに遊び相手がいないから、すぐ仲良しになった。宏クンもボクとずっと一緒にいたい。だから毎日のように泊まっていた。兄弟みたいなものよ。

そういうわけよ。

——トシ子先生が母親代わり、というわけですか?

林 違うよ、お姉さんよ。だって、トシ子先生は、花蓮港女学校を出たばかり、まだ16歳か17歳だよ。「母親」は可哀そう（笑）。

あの頃は、戦争のため、先生が足りなくて、中学や女学校を出たばかりの人が先生になっていた。どこの学校も同じよ。

——宏クンとはどんな遊びを?

林 もう、なんでもやったよ。なんでも遊びにしてしまう。やんちゃ、遊びのときは先生の言うことも聞かない。トシ子先生にいつも叱られる（笑）。

いちばん思い出すのは、日曜日に必ず山に薪を取りに行ったこと。先生の風呂を焚く薪。

山の上に玉里神社があって、庭で縄かけをして遊ぶ。もう夢中だから、薪のことも忘れる。遊びに疲れて帰ろうと思ったら、薪のことに気が付く。慌てて枯れ木を集めて、走って、走って帰る。また先生に叱られる（笑）。

取ってきた薪で先生のお風呂を焚く、ご飯も炊く。ボクがご飯の炊き方を覚えたのは、先生のご飯を炊くようになったからよ。

——日曜日に、宏クンをあなたの家に連れて帰ることは?

林 ない、ない。だって今みたいに道路が上等でない、橋もない、鉄橋を渡るしかない。鉄橋を歩くの怖いよ、いつ汽車が来るかわからない。だから、家には連れて帰らない。

――瑞穂の宏くんの家に行ったことは？

林　4年生の休みのとき、宏クンとトシ子先生が瑞穂珈琲農園の実家に帰るとき、ボクも一緒に連れていってくれた。そのときに、宏クンの家に泊まった。大きい家で、今でも残っているらしい。

ボクは珈琲農園の草引きとか手伝ったけど、だんだん帰りたくなったの。遊ぶのは宏クンだけ、日本人のご飯食べる、寝るのも慣れない。宏クンのお父さん、お母さんも初めて会った人。ボクは、窮屈だから、一晩泊まっただけで「帰る」って言ったの。そうしたら、お父さんとお母さんが「もっとゆっくりしていきなさい」って、結局、4日間泊まったのよ。

二人とも、とてもいい人。ボクにもとても親切にしてくれた。ホント優しい。

普通の人は、蕃人（原住民）のアミ族なんか泊めたりしない。疑う人が多い。二人は、そんなことない。ホント、ありがたい。

――たとえば、どんなことがありました？

林　たとえば、宏クンが出かけていないとき、お母さんが、「お風呂する（入る）か？」って聞くの。ボクがお風呂していると、着物を洗濯してくれたり、着替えを用意してくれたり……。全然、差がない、気にしない。そういう人よ。初めて会ったけど、いいお母さんだなあ、いいお父さんだなあ、と思ったよ。

――珈琲農園の規模は？

林　大きいよ、600公歩。歩くのが大変だから馬に乗って回るの。

珈琲農園は、元々はアミ族の土地だったの、それをどかせたから、アミ族が抵抗して反対した。

そこで、農作業にアミ族を雇ったり、珈琲の木の間に、自由に野菜を植えて売らせたり、アミ族の知らないことをいろいろ教えて収入の方法を与えたのよ。それで、うまくいくようになったわけよ。

◆貧しかったアミ族の暮らし

――宏クンとは、小学校を卒業するまで、ずっと一緒に過ごされた？

林　そう、ずっと一緒。宏クンは、それから花蓮港中学に行った。ボクも一緒に行きたかったけど、台湾人や原住民はなかなか入れないのよ、差（差別）が大きくて。10人のうち1人か2人。ほかは日本人だった。

植民地時代は入学の差が大きすぎるのよ。ボクたち原住民は簡単に入れない。だからボクは花蓮港農業学校に行ったのよ。

――その頃、林さんの同級生で上の学校に進む子はどのぐらいいたのですか？

林　アミ族で上の学校に行く子は少ない、ほとんどいないぐらい。みんな貧しいから親も勧めない、反対もしない。

だって、その頃はみんな裸足よ、着物も1週間は着替えない、ひどいときは1か月。着替える着物がないのよ。だから臭い（笑）。級長のボクだって、台湾ズボンを穿いた上から帯で縛って寝ていた。

――そんな中でも遠い花蓮港の学校に進学させたのは、ご両親も級長の林さんに期待していたのでしょうね。学費や毎月の仕送りも大変ですよ。

林　どうしてそうなったかは忘れた。花蓮港中学には入れないし、せめて農業に役立つ勉強をしようと思ったのかもしれない。

学費はお母さんが送ってくれた。お父さんは真面目だけど頭目になれるほど頭よくない（笑）。

生涯の友・宏クンと（立っているのが私）

仕事は鉄道建設、道路、橋、堤防工事の労役に駆り出されてもらう日給だから、多くない。酒とタバコだけが楽しみな人。そのタバコも、山からタバコの葉を取ってきて自分でつくるから、おカネはいらない（笑）。

結局、お母さんが全部、工面してくれた。

ボクのほうも、寄宿舎の食事は自分で持っていった米を炊いて食べる、おかずはほとんど味噌汁だけ、だからおカネはあまりかからない。

――それからは、宏クンと別れ別れになったのですね。

林　そう、毎日は会わない。でも、宏クンのお父さんが肥料会社と、たわしをつくる会社を花蓮港に建てて、新港街に住んだの。花蓮港の真ん中よ。そこには何回も行った。それでまた一緒に遊ぶようになった。筑紫館で映画見たり、富士写真館で一緒に写真を撮ったり。

これが、そのとき撮った写真。

宏クンは立派な服を着ているでしょ。ボクはボタンがちぎれたままの服。仕方ない、寄宿舎でひとり、ボタンもつけられない、貧乏だから（笑）。

その家で八重子さんに初めて会ったの、トシ子先生と宏クンの妹ね。

八重子さんは花蓮高等女学校に行っていた。ボクが遊びに行っても、全然相手にしない、年頃の女だから（笑）。

◆農学校時代の生活、思い出

林　農学校1年のときに、鳥取県出身の石山先生が赴任されてきたの。男の先生で野菜の栽培が専門。独身だから宿舎住まい。

先生はボクを気に入ってくれた。それでまた先生の飯炊きと風呂焚きをやることになった（笑）。1年から3年までずーっとよ。

宿舎には鶏を飼っていないから、スズメを捕まえて食べるのよ。ネズミ捕りの罠にお米を撒いておくと、スズメがいっぱい入る。ボクはスズメの炊き方知らんから毛をむしるだけ。先生が上手に炊いてくれる。美味しいよぉ（笑）。

夕飯を一緒に食べて、よく泊まった。

夜遅くまでいろんなこと話したり、教えてくれたよ。授業でわからないこと、日本でいちばん有名な富士山に登ったときの話、人生の話、もういろんなこと。あの時は、ちょっと大人になったような気分で、とても楽しい毎日だった。

ボクが農学校を卒業したあと、なんと石山先生が、あのトシ子先生と結婚したのよ。ビックリした、ホント、神様は不思議なことするよ。

それで、ボクと石山先生、トシ子先生、宏クンの縁がますます深くなったわけよ。

◆親友・宏クンとの再会と別れ

——農学校を卒業する頃は、花蓮も空襲が始まっていて宏クンと遊んでいるような状況じゃなかったでしょう？

林　そう、二人であの記念写真撮ったあとぐらいから、学徒動員が始まった。3年の終わり頃から後、

トシ子先生ご夫妻と再会

宏クンのことは知らない。戦後になって聞いたら、学徒動員で飛行士を志望して、陸軍の特攻隊基地がある新城で訓練を受けていたらしい。

あの頃、日本人の中学生の中には、勉強やめて特攻に志願する人がたくさんいたよ。でも、最後のほうだから、飛行機がなかなか来ない。宏クンも結局、飛行機がないから乗らない。特攻には行かないで終わった、と言っていた。

――戦争が終わって宏クンと再会したのは？

林　戦争が終わって日本人みんな引き揚げたでしょ、宏クンの家族もいない。ボクもここ玉里に帰ったよ。

そのときの家は、今のような立派な家じゃない。それに、ボクが学校に行っている間に引っ越していて、あの記念写真がどこにいったかわからない。宏クンの日本の住所もわからない。

そうしたら、なんと宏クンから手紙と写真が来たのよ。嬉しかったなあ、「生きていたのか！」って、泣きたくなるぐらい、嬉しかった。

戦後、初めての再会は、トシ子先生とご主人の石山先生、それに石山先生の親戚の人たちと八重子さん。宏クンは一緒に来ていない。

あれは台湾の正月だった。ボクは来ること知らない、突然だから、もうビックリよ。

家は狭いし、鶏も豚も飼っていない、田んぼもない、お金もない。ただ正月だから、台湾餅だけは沢山作っていたので差し上げたら、みなさん争って取り合いしていた（笑）。

「ああ、内地の日本人もみんな苦労しているんだなあ」と思ったのよ。

宏クンが来たのはもっと後だよ。いつ来たか忘れたね、会ったときの感激ばかりが大きくて（笑）。

一緒に学校や珈琲農園を回ったよ。そのときに、特攻隊に志願していたこと、結婚のこと、子どものこと、仕事のこと、ほかの人に言えないようなことも話し合った。

ボクも、卒業して海軍に入って死にそうになったこと、いっぱい話したよ。兄弟みたい。最後は、玉里時代の楽しい思い出ばかり、何回も、何回も（笑）。

一昨年の11月に初めて娘さんを連れて来た。いや、娘さんに連れられて来た。だって宏クンは車椅子のお世話になっているのだもの（笑）。

あれが最後だった。去年、亡くなってね……もう、いない。

◆原住民は兵学校にもなかなか入れなかった

――ところで、農業学校を卒業されてからは、どうされたのですか？

林　卒業しても、日本人、すぐにはいい職をくれないのよ。結局、宏クンのお父さんがデリス会社に呼んでくれた。

デリス会社では、掃除をしたり、たわしの材料にするシュロの葉を山に取りに行くの。取ってきたら、もうお休み。あまり仕事がない。そうしたら、花蓮港廳の家倉さんという勧業課長の当番に来てくれと言われて、そこに移ったの。

当番というのは、掃除をしたり、家倉課長にお茶を入れたり、書類を運んだり、いろいろと世話をする雑用係みたいなものよ。でも、すごく気を配らないといけないし、礼儀もきちんとできないとダメ。厳しいよ（笑）。

その頃、台湾人も兵隊に行けるようになった。ボクもお茶くみなんかやっていないで軍隊に入ろうと思ったの。15歳か16歳だったと思う。

それで、幼年学校とか戦車学校の試験を受けたけど通らなかった。

戦車学校のとき、第1日目は通った。第2日目の昼休みが終わって試験会場に戻るのが5分遅れたの。町に出て帰りの道に迷ってしまったのよ。そうしたら殴られたねえ、試験官に。それで結局、不合格さ（笑）。

それから丙種予科練も受けた。

でも、やっぱり入れない。あの頃は、まだまだ差（差別）が大きくて、台湾人や原住民は入れないのよ。

——戦車に乗るのは諦めたのですね？

林　戦車はやめたけど、日本人にできるならボクもできる、同じ人間じゃないかという精神は変わっていない。それで、海軍に志願したわけよ。

入ったのが高雄の海兵団、通称「タカダン」と呼ばれていたところ。そこで機関砲を撃つ砲術士になれといわれて、海軍砲術学校の試験を受けたら通ったの。千葉県の布良にある館山海軍砲術学校。ハタチのときね。

——砲術学校だから船の上で大砲を撃つ訓練？

林　そう、二十ミリの機関砲で飛行機を撃つ訓練ね。動いている船から飛んでいる飛行機を撃つのだから難しいよ。でもボクは上達が早かった、誰にも負けない優秀な射撃手ね（笑）。

その学校で9か月間、本当は2年間だけど、もう兵隊が足らんから、どんどん出していった。

——すると相当厳しい特訓を受けた？

林　そりゃあ厳しいよ。早く一人前にしなければならんからね。9か月のうち最初の6か月間は一歩も外出が認められなかった。朝から晩まで、訓練、訓練、訓練よ。

◆布良の娘さんとの出会い

——それでは布良のことなんか何も覚えていない？

林　そんなことはないよ。すごい、いい思い出があるよ（笑）。

館山の学校におったとき、とてもいい「里親」おじさんに巡り合った。6か月間の外出禁止が解けたとき、ボクと同じ階級の西山という同僚と出かけたの。まだ帽子に庇のない水兵よ。

二人で田舎の道を歩いていたら、「水兵さーん！」と呼ばれたのよ。見たら、4人の若い女のひとが麦踏みをしていた。もう日本には若い男がいなくて、農作業は女の人ばかりだって。それで、ボクたち二人も麦踏みを手伝ったわけよ。

昼ご飯の時間になったとき、4人の女の子から「ウチへおいで」「ウチのご飯は美味しいよ」って、もう引っ張りだこよ（笑）。

西山が笑いながら「お前、どの子にする」って言うの。ボクは日本のこと知らない、どうしたらいいかわからないから黙っていたの。そうしたら、西山が「よし、お前はこの子にしろ！」と勝手に決めてくれた（笑）。

それで西山が決めた女の子の家でご飯をご馳走になったのよ。

そこで食べた蒸かしたさつま芋が、すごくおいしかった。海軍は待遇がいいから、芋なんか食べたいと思わなかったけど、食べてみたら台湾の芋とは全然違う。日本の芋はホントに旨い（笑）。

――その方のお名前は？

林 申し訳ないけど忘れた（笑）。

毎日会っていたわけではないし、もう70年以上も前だもの。

でも、砲術学校が休みのときは田植えや稲刈り、麦踏み、よく手伝いに行ったよ。若い男はみんな戦地に行って、いないの。そこの息子も、戦争に行って亡くなった。だから、そこのおじさんは、ボクたちをとても大事にしてくれた。

海軍は、いつ死ぬかわからないから待遇が上等、タバコも酒もお菓子もある。石鹸もタオルもくれる。ボクはタバコを吸わない、酒も飲まないから、いつも持っていく。みんな、すごく喜んでくれる。

娘さんたちも「水兵さーん、水兵さーん」って、親切にしてくれる。いつもボクと西山を、みんなが取り合いになるのよ（笑）。

ボクは恥ずかしくて、どうしたらいいか困るわけよ（笑）。

娘さんたち、みんな親切、口には出さないけど、ボクのことを好きになってくれた（笑）。

初めて会った頃は「水兵さーん」と言っていたのが、いつの間にか「兄ちゃん」とか「ヒデヨシさん」に変わっていた。

あるとき、おじさんがボクに、そこの娘と一緒に「山に行って薪を取って来い」と言ったの。風呂やご飯を炊く薪ね。ボクは、少し恥ずかしかったけど、行ったよ。

普通、若い男と女が二人だけで山に行ったら、男はワルイことするでしょ。いじめる（笑）。

ボクは絶対、いじめない。ホントよ、正直に言ってるよ（笑）。

◆戦後、台湾を訪ねてくれた娘さんとの悲話

——それからどうなったのですか（笑）。

林　卒業前にそれぞれの配属先が決まったの。どういうことなのか西山が台湾、ボクは内地で戦艦に乗ることになっていた。

ボクはお母さんに会いたい、台湾に帰りたいから、西山に冗談で言ったのよ。

「西山、貴様は台湾か、オレと代わってくれんか？」って。でも、そんなことはできるはずがない。行先はみんな秘密だもの。結局、西山は、どこか知らんが台湾に派遣され、ボクは佐世保基地の駆逐艦に乗ることになって、西山とは別れ別れになった。

配属先が決まって砲術学校を卒業した日、西山とその農家にお別れに行って泊まったの。9か月間だけど、楽しいことといっぱいあった、とても親切にしてもらったこと、おじさんたち家族と一晩中話したよ。いくら話しても、終わらないわけよ。

——それが最後だったのですね。

林　まだ続きがあるよ（笑）。

そこの娘さん、戦争終わってずーっと経ってから台湾に来たのよ。昭和32年頃だったかな。

ボクが出かけているときに、ここの派出所に彼女から「花蓮に来ている」という電話があったらしい。外省人の警察官は、それだけしか教えてくれない。ホテルも場所も何もわからない。

そのときボクはもう結婚していた。小さい子どもが3人いた。長女が2年生、息子が5、6歳、下の娘が3歳。

会いに行きたいけど、ボク、貧乏でおカネがない。

妻は「帰って来いよ」と言った

毎日、人のところに働きに行って、少し貯まったら専売所に預ける暮らしよ。

でも、はるばる台湾まで来てくれたのだから、どうしても会いたい。妻に「行きたい」と言ったら、妻がボクに聞いたよ。

「いくら持っていくか?」って。

あの頃は花蓮港まで4時間、汽車賃は40円ぐらいだった。籾米2俵売れば旅費には十分足りる。ボクは籾米12俵売ったけど、妻には「2俵だけ」、と言った（笑）。

朝、12俵分のおカネを持って出かけようとしたら、妻は泣きそうな顔で言ったよ。

「子どもが小さいのだから、必ず帰って来いよ」って。

ボクは花蓮港に着いて、ホテルを探し回った。どのホテルにも泊まっていない。国民党の県支部、花蓮港庁、市役所、郡役所、全部回って聞いたけど、結局、見つからなかった。

――もし、そのとき再会できていたら?

林　さあ、正直言って、どうなっていたかわからんねえ（笑）。

日本まで行ったかも知れん。おカネも12俵分持っていたし（笑）。

――その娘さんとは結婚の話などしていなかったのです

か？

林　いえいえ、そんな話はしていないよ（笑）。ただ、娘さんの両親は、ボクをとっても可愛がってくれたから、そうなったらいいなあと思っていたかわからん。ボクは里親みたいに思っていた。それに息子さんが妻と5歳ぐらいの子どもを残して戦死している、可哀そうよ。

——結局、娘さんとは会えずに、何もわからないまま玉里に帰った？

林　そう、一日中探し回ったけど、何もわからない。疲れ切って、夕方の汽車に乗って帰ったよ。ボク、汽車の中で泣いたよ。わざわざ遠い台湾まで来てくれたのに会えない、ボクも会いたい気持ちが強い、会いたかった。

でも、汽車が玉里に着く頃、考えたのよ。「これは神様が妻の願いを聴いて、ボクと彼女を会わさないようにしたんだ」ってね（笑）。

夜、家に帰ったら妻が、「わあ、帰って来たあ」って、泣いて喜んでいたよ。妻は、ボクがもう帰ってこないんじゃないかって恐れていたらしい。妻も可哀そうね。

◆特設巡洋艦「護国丸」の対空機銃班

——館山の砲術学校を出て駆逐艦に乗られたのはいつ頃ですか？

林　昭和19年、まだ米軍は沖縄に上陸していなかった。ボクは1等兵になった。最初は2等兵だけどボクは射撃の腕がよかったから出世するのが早かった（笑）。そのときまだ22歳よ。

ボクら機銃班に台湾人2人と朝鮮人2人の2等兵がいた。いつもその4人が食事の準備とか後片付けや、偉い上官の世話をさせられて、苛《いじ》められていた。

あるとき、日本人の1等兵が台湾人と朝鮮人の兵隊を殴ったの。その日本兵、すぐ殴る、いつも威張ってる。それで、その4人がボクのところに来て「辛い」って泣いたのよ。

そこでボク、その1等兵呼んで、優しく言ったの。「オレたちはいつ爆沈されるかわからん同じ船に乗っている仲間だ。まして機銃班は、真っ先にやられる危険な立場にある者同士だ。その同士を殴ったり差別をしてはいかん。お互いに助け合う気持ちがないと敵と戦えないよ」って。その1等兵、黙って聞いていたよ。

だって、同じ階級だけど、ボクのほうが1日だけ入隊が早かったから（笑）。たとえ日本人でも絶対にボクの言うことを聞かなきゃいかん、それが軍隊よ（笑）。

その後、ボクは上等兵になったのだが、ボクより年上の部下が何人もいた。

上等兵になったら、風呂で部下が背中流してくれるの。軍隊の決まりだっていうの。年上の部下よ。とんでもない、ボクはいらない、みんな断ったよ。

――軍隊は厳しいですから。とくに海軍は狭い船内の集団生活だから規律を厳しくしないと……。

林　そう。でも、なかには規律と関係ないことでもすぐ殴る悪い上官がいる。ボクたちは対空機銃班といって、機関砲で敵機を撃ち落とすのが役目。4人一組で編成されているの。

「右ヨーシ、左ヨーシ、撃てぇー！」「ドーン！」っていうような調子でやるのよ。だから、対空機銃班はチームワークがとても大事。

それに、敵機は機銃班をいちばん最初に狙ってくる。そうしないと自分が撃ち落とされるから。

――林さんは優しい上官だった（笑）。

林　いや、普通ね。規律には厳しいけど、優しい人もいる。一部に、すぐ殴る悪い人がいる。２等兵がいちばん可哀そう。

――林さんは殴られたことありますか？

林　もちろん、あるよ。高雄の海兵団にいたときは、よく改心棒でケツを殴られた。班の誰かひとりが間違えると全員が殴られる。殴り方もひどい。倒れるぐらい殴る。倒れたら水をかけて起こす、また殴る。

班対抗の競争でも、負けたらメシ食わせない。日本の兵隊教育厳しいよ。

船に乗ってからは、あまり殴られなかった。射撃が優秀だったからね（笑）。

――林さんの乗った駆逐艦は何という名前でした？

林　忘れたよ、ずっと忘れていた。あとになって知ったのだけど、駆逐艦ではなく特設巡洋艦「護国丸」っていうの。もともとは民間船だったものを海軍が徴用して改装した船らしい。

――どんな作戦に出撃されたのですか？

林　ボクの乗った船は五島列島の東側から津軽海峡まで登って、また戻ってくる。５か月間、行ったり来たり。

駆逐艦、潜水艦を探すのが上手よ。見つけたら、ドラム缶みたいな爆弾を落とす。海の中でドカーンと爆発して、潜水艦を沈める。本土防衛のために敵の潜水艦を探して、やっつけるのが仕事。

もう最後の頃は、沖縄が占領されていた。

◆敵潜水艦の魚雷攻撃を受けて

――敵の潜水艦にやられたことは？

林　ある、ある。敵の魚雷に沈められて命拾いをしたよ。

五島列島のずーっと先、11月10日の午前0時過ぎ、一発目の魚雷がドーンと来た。初めての経験、怖いよぉ。船が少し傾いてくる、電灯は暗い、「総員、せいれつー！」の艦内伝令が響く、みんなバタバタと右舷左舷に飛び出していく。もう艦内は大混乱よ。

――それまで戦闘経験はなかったのですか？

林　初めてよ。初めて戦争するわけよ。みんなバタバタ、何か叫んでいる。

甲板士官が「静かになれえー！」って号令かける。号令で急に静かになったけど、月明りや波の音が聞こえると余計に怖い。そのうち見張員が叫んだの。

「敵潜水艦、見ゆーっ」続いて、

「魚雷、接近中！」って。

ボクたちには何も見えない、ただ月の光が波にキラキラしているだけ。やっぱり見張員は目がいい、訓練されてる。

そうしたら来たよ、チーッと、白い魚雷がまっすぐに進んできた。もうダメ、遅い、逃げられない、と思った瞬間「ボーン！」と来た。

――その間、林さんはどんなことを考えていました？

林　1発目の魚雷がいちばんショック、初めての経験だからね。もうダメだろうな、と思った。

ボクは心の中で言ったよ。

「お母さん、泣くな。オレの船はもうダメかも知れん。生きるか死ぬかわからん。兵隊になったのは自分が志願したのだから、お母さんのせいじゃない。だから、泣かないで！」

って言ったの。何回も言った。そうしたら、少し気持ちが落ち着いてきた。

――そのときの魚雷で沈んだのですね？

林　そう。1発だけじゃない、何発も食らったよ。2発目が当たったあとはもう船がどんどん傾く、最後は船尾を下にして沈没した。

兵隊たちはどんどん海に飛び込んだよ。そんなときは古い兵隊ほど逃げるの早い（笑）。

ボクは飛び込まなかった。あのときは「死んでもいい」という精神だったから。それで、船の中の丸窓あるでしょ、あれを背にして船と一緒に沈んだのよ。その間も、お母さんに話しかけていたの。

「泣くな、お母さん。ボクは男だから、死ぬの怖くない。ボクがいなくなった分、2人の姉さんを上等（大事）にしてやってくれ！」

って。そんなことばっかり言っていた。

どういうわけか、そういうときには「お父さん」とは言わない、絶対に（笑）。

（友人の老婦人から声あり「みんなお母さんのお乳飲んで大きくなるからよ」）

「威張るな！威張るなよ、女は！（笑）」

◆共に漂流する仲間の名前が上等だった

――どうやって助かったのですか？

林　背中にあった丸窓から水がどんどん入ってきて、いつの間にか船外に押し出されていた。

泳ぎは得意だったけど、ジタバタしないで波に身体を預けて浮いていたの。夜だから真っ暗で見えない、11月の海はもう冷たいよ、寒いよ。

気がついたら服がない、真っ裸よ（笑）。

そのときボクひとり、周りに誰もいない。船も沈んで見えない。頭から大きな波が襲ってくる。

もう死ぬことも、生きることも考えなかった。そうしたら来てくれました、神様が。

ボクの手に板が当たったの。よく見たら小さなボートがひっくり返った状態になっていたの。ボクは必死に飛びついて、跨ぐように乗った。

でも、ボートも安心できない。大波を被って振り

私が乗艦していた護国丸の沈没状況――「護国丸」より

落とされそうになる。必死でしがみついていたよ。そうしたら、ボクの足を魚が突いたのよ。ビックリしたよ。

ふと農学校のときに石山先生に聞いた話を思い出した。

「日本にはクジラみたいな大きなイカがいて、船を倒して人間を食べる。だから、あまり泳いじゃいけない」って。大きなイカ、想像したら怖いよ。

しばらくしたら、今度はお尻の下をトントンと叩く音がしたの。「おーい」という声も聞こえた。

ボクも嬉しくなって、「頑張れえー」って声をかけ続けたよ。でも、暗いし、大きな波がドドーンと来る。ボートに掴まっているのがやっと。

少し明るくなって、ようやくボートの上に声の主を引き上げることができた。

2人とも素っ裸よ（笑）。

でも、笑う余裕なんかない。怖い、寒い、助かりたい、それだけ。

太陽が上がって遠くまで見えるようになったら、向こうの方に何人もいた。みんな板や材木に掴まっている。そこへ飛行機が来た、小さい船も来た。だけど、ボクたちが手を振って叫んでも、来てくれない。2回も3回も来たけど、帰ってしまう。

多分、多いほうから助けたのだと思うけど、わからない。

その男が「オレたちダメかも知れない」って言うから、「死ぬか助かるかはオレたちの運命、くよくよするな！」って言ったの。どうなるかわからんから、お互いの名前を聞いたのよ。そしたら彼、

「中攊出身の許安全です」

って言ったの。「安全」だよ！。上等の名前でしょ、だから助かった（笑）。

小さな船で佐世保の軍港に着いたら夜の9時過ぎだった。服を着ていないから、すぐ「軍需部に行け」といわれて行ったの。軍需部の娘さんたち、ボクたちの恰好見て、みんな泣いていたよ。

沈没からずっと、メシ食べてない、寝てない、服もない、寒い。疲れて、歩くのがやっと……。

でも、そこにいた上等兵は違う。

「貴様らがそんなザマだから、敵にやられるんだあ！」

って、怒鳴る。服をもらって着たら、今度は「気をつけーっ！」

で、また気合いを入れる。

ボクは「生意気な奴だなあ」と思ったけど、仕方ない、我慢して、やっと10時半にお粥を食べたのよ。

ボク、思うのよ。男は我慢、我慢、女を殴ったり、苛《いじ》めたらいかん、女は威張ったらいかん、そうした

ら、神様は必ず助けるよ（笑）。

◆日本の生活で文化、衛生観念の違いを痛感

――すると佐世保の海軍基地で終戦を迎えたのですか？

違う、しばらく佐世保の海兵団にいて台湾に戻った。実際に台湾に戻ったのは4月か5月頃だったと思う。

――その時期に、よく無事に帰れましたね。

林　そう、台湾には真っすぐに帰らない、中国大陸沿いに、ずーっと回って、上陸しないで高雄に帰った。

高雄の海兵団に戻ったけど、もう南方に行く船がない、仕事はない、でも同じ給料もらったよ。それから1か月ぐらいで終戦になった。

（再び老婦人から質問あり「台湾人の元日本兵が、日本政府に賠償要求しているらしいが、あなたはどうなの？」）

林　ボク、戦争終わったとき二百何円もらったよ。もう、それでいい。戦争行って、生きて帰って来た。それでいい。生きているのが、いちばん。

おカネ、おカネばっかり言ったら死ぬよ。神様、助けてくれない（笑）。

――日本での生活、海軍での生活を終えて故郷の玉里に帰られたときの印象、思い出は？

林　いちばん感じたのは、日本の生活と違うことね。文化や習慣、特に衛生が全然違う。

海軍から帰ったとき、行方がわからなかったアマア（祖母）の姉妹が台東の新功に居るらしい、というので兵隊仲間の4人で行ったの。

アミ族は、兵隊から帰ってきたら歓迎のお祭りをする。新功のお祭りにも沢山のアミ族の人たちが集まっていた。牛や豚肉のご馳走もいっぱいある。た

村を訪れた李登輝元総統と（右から3番目が私）

だ、食器がないから、バナナの葉っぱを敷いて、その上に乗せてみんなで食べる。バナナの葉っぱの上を裸足で踏んでいるのに平気で食べる。

ボクは日本から帰ったばかりで、清潔でしょ、とても食べられないよ（笑）。

そうしたら1人のおばあさんが言ったの。

「ナニイウテライカモサティップ?」

アミ族の言葉では、東はサワリ、西はサティップ。つまり、「あんた方は西から来たのか?」

さらに、

「西にアラスっていう人はいないか?」

って言ったの。ボクのお母さんの名前がアラス。

だけど、ボクは黙っていたの。返事しなかったの。なぜかって? だって、おばあさん見たら、着物も何もすごく汚い（笑）。

でも、何回も言うから可哀そうになってね、「ボ

ようやく立派な家に住めるようになった

クが息子だよ」って言ったの。

そうしたら、その汚いおばあさん、ボクに抱きついてきた。もう何日も洗濯してない、アカで光った着物、酸っぱいような匂いがする、抱きついたら臭いよ。

でも仕方ないね、ボクのおばあさんの姉妹だから、と思って抱きしめたの、我慢してね（笑）。

ボクは、アミ族の文化を悪く言うつもりはないけど、これが実際だから仕方ないよ。あのときは、ホントに日本の衛生、清潔はいいな、と思ったね。

だって、そうでしょ、ボクは公学校時代でもトシ子先生や石山先生の風呂に入っていたし、宏クンの家でも砲術学校時代、海軍でもきちんと入った。洗濯も着替えもした。すっかり日本の清潔な生活に慣れてしまったのよ。

清潔が当り前になっていたから、アミ族の衛生が受け付けられない。

今でこそアミ族もずいぶん衛生的になったけど、日本に比べたら、まだまだ改善しなければいかんと思うよ。

――日本時代を振り返って、衛生面以外に感ずることは？

林　教育と政治ね。教育は今よりずっと厳しかったし、規律もしっかりしていた。厳しいのは、遅れている植民地の人間を立派な国民にするためよ、そう思ったら仕方ない。

日本が来る前は、文字が読めない人、書けない人が圧倒的に多かったのが、戦争が終わったときには逆転していた。これも教育のおかげ。

台湾人、日本人には文字がある。アミ族にはなかった。言葉だけでは、そのときはわかるが、文字で残さないと忘れる、残らない、だから発展しない。

アミ族には、そういうダメなところがあったが、正直なところもある。日本人、台湾人は文字を持っていたが、少しズルいとこもある。文明が進むと仕方ないことかもしれない（笑）。

植民地政治も道路、鉄道、電力、水道、工業みんな力を入れて建設した。今の台湾が工業国になれたのも植民地政治の結果だと思う。

今はもう日本時代のこと知っている人がいなくなった。話しても通じる人がいない。だから、台湾生まれの日本人に会うと、ボクはすぐ泣いてしまう。宏クンに電話もらったときも、聞いている間、ずっと泣いていたよ。90歳過ぎても、〝ひろしー〟、〝ひでよしー〟と呼び合っていた。

この気持ち、二人にしかわからないよ。嬉しい、懐かしい。あの恩、一生忘れない。

（松本治盛）

傳昌銘さん

ふ しょうめい。1929年（昭和4年・民国18年）、日本が台湾で最初に拓いた移民村として知られる花蓮の吉野村（現・吉安郷）生まれ。89歳。田浦国民学校高等科卒業後、鉄道局に入社、以来、40数年鉄道一筋に歩み定年退職。現在は同地で農業を営む。

日本人開拓移民村・吉野村の小作人の倅に生まれて

◆「先生の名前、みんな覚えているよ」

終戦になったのが16歳のときだから、私が知っている日本時代は子どもの頃、10年間ぐらいだね。よく覚えているのは小学校に入った頃からのことだけ。

小学校は台湾人と原住民の子どもだけが行く公学校で、田浦国民学校。日本人の子どもは近くの吉野小学校。

公学校の授業はみな日本語だった。ボクは学校に入ってから日本語を勉強した。

お父さんは吉野庄役場に勤めていたから日本語は達者だった。兄さんも日本の教育を受けたから上手に話す。でも、お母さんは受けていないから話せない。だから家では台湾語ばかりでした。

学校の先生は、日本人、台湾人、原住民の先生。校長先生は香山三郎先生。髭をはやした威厳のある先生、でも怖くない、優しかったよ。

鍋岡先生、鈴木先生、今井先生、土手原先生、坪原先生、原住民の坂田先生、それから台湾人の林賢達先生。先生の名前、全部覚えてるよ（笑）。

林先生は1、2年生のときの担任、土手原先生は5、6年生のときの担任で、とても優しい先生だった。

原住民の坂田先生は怖かったねえ。生徒はみんな怖がっていた。怒ったときはビンタを張るの。

「バチーン！」って、痛いよぉ（笑）。

ボクも一度張られたことがあるよ。あるときボクが職員室に行ったの。本当はコンコンとノックをして入らなければいけないんだけど、ボクは慌てていて、ガラリとドアを開けて入った。そしたら、目の前に坂田先生がいてね、

「なんだ！その入り方は！」

って、ビンタを張られた。

その日は土曜日で、毎週大掃除をする決まりになっていて、掃除中だったのよ。ボクがウロウロしているから、抜け出してきたと思ったみたい。あのときは怖かった。

そんな怖い先生が音楽を教えているのだから、面白いねえ（笑）。

この写真見てください。国民学校のときの先生たちの写真。

学校時代の写真はこれ一枚しかないから大事にしているの、ラミネートシールで補強してね。日本学校時代の記念だから。

ボクは日本時代の学校しか行ってない。初等科6

公学校時代の先生たち（前列左から２番目が香山校長、右端が坂田先生）

年、高等科2年、それだけ。中国の教育受けたことない。

◆あの頃は、みんな裸足だった

学校時代は楽しかったよ。

いちばん面白かったのが運動会かな。毎年10月15日、決まっていた。家族みんなが来る。運動場で弁当広げて食べる、あれがいちばん嬉しかった。

原住民の子は褌一枚で走るの。その恰好が可笑しくて、みんなワーワーいって面白がっていた。

あと遠足ね。弁当とおやつ持って北埔飛行場（現・花蓮飛行場）まで歩く。みんな裸足だよ。石ころだらけの道で、痛かったなあ（笑）。

あの頃は、靴なんか履いたことない。学校に行くのもみんな裸足、貧乏だったからね。

日本人の子はみんな履いていたよ。

同級生に一人だけ靴を履いているのがいたの、台湾人でね。そうしたら、みんなが珍しがって「オレにも履かせろ！」って大騒ぎした。その子の家は金持ちだったからね。いつも靴や鞄で冷やかされていた。

ボクら台湾人や原住民の子は、家に帰っても忙しかったね。だいたい農家の子が多いから、畑仕事の手伝い、水牛の世話、鶏、アヒル、豚の餌やり、なんでもやった。どこの家でも家畜の世話は子どもの仕事だった。

ときどき鶏が盗まれるの。イタチか人間か知らないけど鶏泥棒がいてね、鶏、アヒルがやられた。毎日世話をして大きくしたのを持っていかれるのだから悔しくてねえ。当分の間、肉が食べられなくなる悔しさもあったけど（笑）。

家畜の世話が済んだら、次は、余った餌用の芋を牛車に積んで花蓮の町に売りに行くの。1俵何円だったかな。小学生だったから、ちょっと恥ずかしかったけど、いま思うと、すごく懐かしい、よく働いたと思う。

今の子はどうですか？

靴は何足も持っている、鞄も服も新しいのを買ってもらえる、自転車やバイクを乗り回す、だけど家の仕事は手伝わない（笑）。

幸せだよ今の子は。時代が変わったんだねえ。

◆最初の官営移民村で小作人

日本人の子と遊んだことはないねえ。

日本人は、ボクらの村と近いけど、日本人移民村として固まって住んでいるし、学校も違うから、友達もいない。

日本人の学校は吉野小学校。ここには吉野村の三つの地区の子どもが通っていた。清水、宮前、草分の三つ。

清水はきれいな清水が湧いていたところだから、宮前は神社の前にある地区だから、草分はいちばん初めに開拓された土地だから。みんなそうやって名前をつけたらしい、面白いねえ（笑）。

清水は、郵便局長の清水半兵衛さんが住んでいたところだから、と言う人がいたけど、ホントかな（笑）。

半兵衛さんのことなら、ボクも知っているよ。ボクの兄さんが郵便局に勤めていたからね。吉野村でいちばん有名な人、みんなに親切な人だったね。

日本に引き揚げて、ずーっと経ってから半兵衛さんが台湾に来られたとき、ウチの兄さんを訪ねて来てくれたことがある。

兄さんの名前は、傳昌勳。そのときは、もう昔の村の名前が全部変わっていて、清水の名前も消えていた。いま清水は復興村、宮前は慶豊村、草分は永康村になった。

ここの吉安郷も日本時代は吉野村、日本が最初の官営移民村として開発されたところ。だから、ほとんどが農業をやっていて、たいがいの日本人農家は、政府の奨励でタバコを栽培していた。

台湾人は、日本人から農地を借りて米ばかり作っていた。ウチの家も佐藤さんの小作人で、米を作っていた。

日本時代になってから、台湾でも美味しい米ができるようになった。日本人が改良して生まれた「吉野米」が有名ね。吉野一号なんか、とっても美味しいよ。

天皇陛下にも献上したことがある。ただ、吉野米は風に弱いのが欠点でね、肥料をやりすぎてもダメ、栽培がむずかしい。

でも、収穫量は当時に比べてずいぶん伸びた。昔は一公歩で6000斤だったのが、今は10000斤を越えるようになった。肥料がよくなったからね。

◆日当90銭の鉄道局勤務

ボクは、小学校の高等科を昭和18年に出て、すぐに先生の世話で、鉄道局に入ったんだ。そこでずーっと汽車の修理。電車じゃなくて、石炭を燃やして走る蒸気機関車。炭と油でいつも顔が真っ黒だったな（笑）。

鉄道局の日当は90銭、1か月27円、小学校初等科出は日当80銭だった。当時としては悪くない。高等科を出たばかりの子どもにとっては悪くなかったよ。

24歳で結婚したけど、生活はまあまあ、苦しいというほどではなかったし。

鉄道局に入って1年ほどして仕事に慣れてきた頃、米軍の空襲が始まった。

いつもは空襲警報が鳴っても、訓練かどうか知らんが1、2時間で終わるの。それが、ある朝早く警報が出て、いつまでたっても鳴りやまない。外に出て空を見たら飛行機の大群だった。数えたら24機あった。

初めて見るような大群だから、周りの者もみんな「凄い、凄い」と見とれていた。日本軍の早朝訓練だと思ってね。

それが突然、爆弾を落とし始めたから、もう大混乱、無我夢中で防空壕に飛び込んだ。あれが花蓮港空襲の始まりだったんだね。

それからは、よく空襲があった。爆弾よりも機銃掃射の襲撃が怖かったよ。

汽車もよく狙われた。襲われた汽車の修理もやった。戦争で新しい車両が来ないから、直さないと足りなくなる（笑）。

◆空襲がなければ平穏な時代だった

終戦の玉音放送は鉄道局のラジオで聞いた。

それまで、毎日が空襲と避難の繰り返しで、落ち着いて仕事ができなかったのでホッとしていたが、その後、入ってきた国民党軍を見たときは驚いたねえ。よく言われていることだけど、みんな脚絆を巻いて鍋釜を天秤棒で担いでいたよ。

それからは嫌な事件は起こるし、米は没収される、泥棒は増える。台湾人が盗むのよ。乱れた暗い時代になった。

いま考えると、戦争中だったけど、日本時代のほうがずっと平穏だった。泥棒なんか、ほとんどいなかったよ。

一時期、家族で渓口というところに避難していたけど、帰ったら家の中も家畜もみんな無事。村にも被害はなかった。

日本の警察は厳しかったからね。台湾の警察は仕事しないからダメ、泥棒が増える。

鉄道局の中も国民党軍が入ってきてからは、様子がガラリと変わってしまった。鉄道局も接収されて、駅長以下の管理職はみんな大陸から来た人間に取り替えられた。元からいた台湾人は管理職になれない。そういう時代がずーっと続いた。

それでもウチの家は、父が吉野村の郷長に選ばれたり、兄が郵便局、ボクが鉄道局に勤めていたから、生活面は、まあ安定しているほうだったよ。それに、日本人が引き揚げるときに、地主の佐藤さんから小作農地や家をもらったので恵まれていた。

この辺の土地は、みんな日本人が地主だった。奥本さんとか、姉婿の地主の台木さん、今井さん。みんな土地や家、家畜を小作人に譲って、引き揚げていった。

今ここで農業やっているところは、地主だった日本人から譲り受けた者が多いよ。

◆「ボクの帽子の色で判断してください」

ボクは、44年間、ずーっと鉄道局で働いて、定年退職して、今は毎日、畑仕事とゲートボールの生活。結構忙しいよ（笑）。

海外旅行にも行けるようになった。韓国にも日本にも行った。日本は九州、広島、岡山、静岡、東京、全部行った。また行きたいねえ。

裸足で飛び回っていた子どもの頃は、外国に行けると思っていなかったもの。

時代が変わったねえ。バイクやクルマもある。裸足で歩く必要はない（笑）。

スマホで何でもわかる。ただ、ちょっと忙しい。

このまま平和が続くといいけど、台湾は国際関係がむずかしい。「台湾は大陸と一つの中国」といわれているしね。

でも、一緒になるのは、どうかねえ（笑）。

私はどちらかって？

私の考えは、この被っている帽子の色で判断してください（笑）。

（松本洽盛）

邱煥堯さん

きゅう　かんぎょう。1930年（昭和5年・民国19年）花蓮港廳新城郷生まれ。88歳。花蓮港工業学校時代に学徒動員として出征、終戦は花蓮県の富里で迎える。戦後、公路局に勤務、退職後に現在の自動車教習所を開く。

わが世代の「日本時代」は多事多難

◆正味15年間の「日本人」

私は、花蓮市の北隣りの新城生まれです。親父が新城庄役場に勤めていましたから。

親父はもともと屏東出身で、小学校4年しか出ていませんが、向学心があったようで、早稲田大学の通信教育を受けて法律と経済の卒業証書をもっています。

それで役人になった。役人ですから玉里、鳳林、富里、新城と、あっちこっち転勤していました。結婚して、新城庄勤務のときに私が生まれた、というわけです。

新城は、昔、「研海」と呼ばれていました。

日本の統治が始まった頃、あの辺りに住んでいた原住民のタロコ族が頻繁に日本の駐在所や日本人住宅を襲撃したのです。

日本当局は、タロコ族の抵抗にずいぶん苦労したようですが、ようやく佐久間左馬太総督の時代になって平定された。そこで、タロコ族を管理するために、彼らが多く住んでいた新城地域に庄を置くことにして、佐久間総督の号に因んで「研海」としたのだそうです。

今は新城市になっていますが、多数の原住民を管理する必要から、当時としては他の庄に比べて、とても大きな庄だったようです。

新城は、日本人が手がけた都市計画で開発された地域ですが、よくできています。私は小学校から花蓮港工業学校まで、ずっと新城で育ちました。

私が生まれたのが昭和5年、戦争が終わったのが昭和20年だから、私が「日本人」だったのは正味15年間だけ（笑）。

日本時代を体験しているといっても最後の世代ですから、覚えているのは日本時代の最後、空襲とか食糧難とか、苦労ばっかり、それより前の、いい時代のいいことは知らない（笑）。

ですから、日本時代で、いまでも鮮明に思い出せることは、やはり大きくなってから、花蓮港工業学

空襲の銃撃で大けがをしました（奥さん）

校の時代ですね。

その頃は、もう戦況が怪しくなっていて、学校に行っても、勤労動員に駆り出されたり、軍事訓練なんかが多かった。米軍の花蓮港空襲が始まったのも、その頃からです。

◆噂になった特攻隊秘話

工業学校のときに始めて空襲というものを体験しました。

戦闘機や爆撃機を見たのも初めて。それからというもの、毎日のように空襲がありました。

朝の何時、昼は何時、夜は何時、というように定期便みたいだった。そのたびに空襲警報のサイレンが鳴り、防空壕への避難指令が出て、ボクらはあっちこっち逃げ回っていました。

そのときはもう南方戦線が相当やられていて、米軍が台湾に上陸するという噂だった。

花蓮港からも特攻隊が出るようになって、南埔の飛行場からは海軍の特攻隊、北埔の飛行場からは陸軍の特攻隊が出撃していきました。

その頃、どちらの特攻隊かは忘れましたが、こんな噂を聴いたことがあります。

特攻隊が出撃するとき、隊長以下、特攻隊員たちが整列して別れの盃を交わすでしょ。それを上官たちが見送る。そして「天皇陛下バンザーイ！」と叫んで出撃して行く。

ところが、ある出撃隊のとき、天皇陛下と言わずに「お母さん……」と叫んだらしい。そして、いよいよ出撃となったとき、そのうちの1機が、見送りの列を目がけて突っ込んだ、というのです。

何があったのか、死傷者が出たのか、故意か単なる故障か、操縦ミスなのか詳しいことは知りません

今は静かな日々を送っています

が、当時はだいぶ噂になっていました。

◆笑えない突撃訓練の日々

空襲といえば、私の家内は、富里の田舎の竹田に疎開する途中、乗っていた汽車が爆撃されて足を貫通されています。家内が13歳のときです。一緒に乗っていた家内の母親は、腕1本失っています。

家内の話では、親子8人が屋根のない貨物列車に乗っていた。そこへ米軍機が急襲して、爆弾や機銃掃射でやられた。たくさんの人が死傷した。もう修羅場だったらしい。

花蓮港の街もだいぶ爆撃されました。軍港や大工場がある高雄に比べたら少ないでしょうけど、それでも港や鉄道、ニッケル工場、製糖工場など主だったところはみんなやられた。

そのときはもう昭和20年に入っていました。

まもなく4月になって工業学校3年に上がったとき、いよいよ学徒動員になった。16歳でした。

学徒動員兵といっても、まだ子どもみたいなものだし、兵隊としては使いものにならない（笑）。だから、毎日々々が軍事訓練です。そのときの班長は皆、内地から来た大学生でしたね。みんな若い若い、お兄さんみたいだった。

訓練といったら、塹壕に隠れていてね、上陸してくる戦車に横から近づいて行って、戦車の蓋が開いたときに手榴弾または石油弾を放り込む、という訓練。手榴弾なんか使えなかったね、そんな余裕はなかった。

いま考えたら、おもちゃというか戦争ごっこみたいなものでしたね。

でも、いまだから笑えるけど、戦車に向かって行ったら間違いなく死ぬのだから、気持ちは飛行機の特攻隊員と同じですよ。

そんな状態だから、日本にはもうやり返すだけの力は残っていないと思いましたね。

それから間もなく終戦になったのですが、私は学徒動員兵のまま、富里の田舎で稲刈り作業をしていました。

◆「大きな泥棒」がやって来た

終戦になったため、戦車に突っ込む特攻は免れました（笑）。

そのかわり、食糧不足という問題が待っていました。軍隊と違って、肉類はおろか米も配給制で、毎日の空襲がなくなったと思ったら、今度は毎日々々芋ばかり（笑）。

日本人が引き揚げる一方で、花蓮にも国民党軍がやってきました。私たちも出迎えさせられましたよ、大通りの両側でね。

ところが、彼らの姿に驚いたねえ。

へんちくりんな恰好して、鍋や釜を抱えた、なんともみすぼらしい兵隊さんだった。みんな唖然としていました。

それに比べると、日本の兵隊は、敗れたとはいえ皆きちんとしていた。

あの時の国民党軍は、およそ軍隊といえる集団ではなかった。だから、周囲の人たちは、「アイツらは大きな泥棒、相手にするな」と言っていました。

私は大陸のことはよく知らないから、「そんなもんかな」と、あまり考えなかった。まだ16歳でしょ、

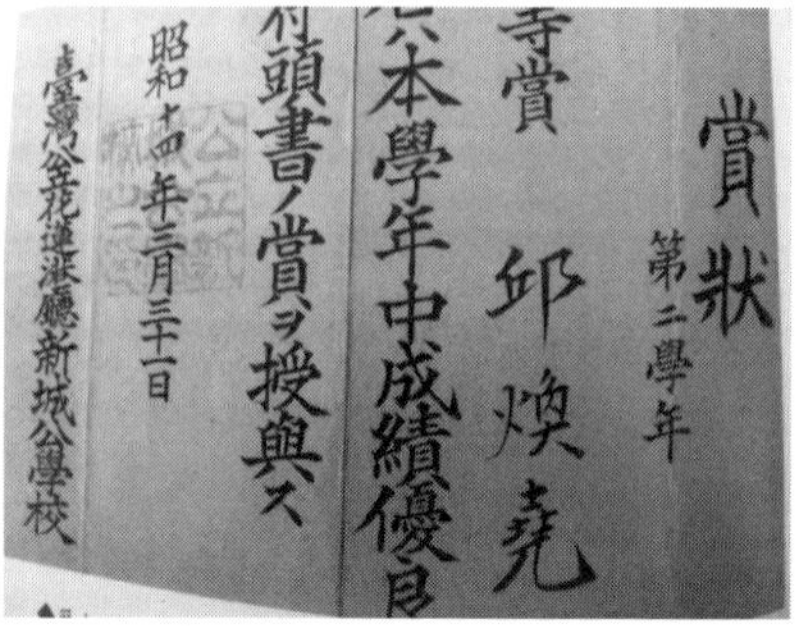

新城公学校のときに受けた賞状

花蓮で最初の自動車教習所を設立

屋敷内にある日本建築の元花蓮県長官邸

多少の不安はあったけど、深くは考えなかった。そうしたら、暫くしてから、あの228事件が起きたのです。

私の家は金持ちでもエリートでもないから、当局から狙われるようなことはなかったけど、彼らときたら、街の中心部でバンバン発砲するから空襲より怖い。子どもたちは皆、疎開させていましたよ。

花蓮港でも気の毒な犠牲者が出ました。

◆運転免許試験官の経験を生かして教習所を創業

私は、そのときはすでに公路局というところに就職していました。

公路局というのは、日本でいえば国交省の自動車局と運輸局を一緒にしたようなもので、運転免許、車検も扱う国の機関です。

私の仕事は、運転免許の試験官と車の検査官。一時は修理工場にもいましたが、定年まで、ほとんど試験官の仕事でした。

国家公務員だから転勤が多い。私の場合、いちばん最初は高雄、それから嘉義、花蓮港、基隆、蘇澳、再び花蓮港で、花蓮がいちばん長い10年。国の管理署から花蓮に派遣される試験官は1人。だから、花蓮のドライバーの免許の半分以上は、私がハンコを押した（笑）。

その後、花蓮から今度は新竹に転勤になった。新竹で5年やりました。そこで退職して、花蓮に戻り、今やっている自動車教習所を立ち上げました。

今はだいぶ変わりましたけど、終戦後はずっと、役所や鉄道などでは、戦後に大陸から来た外省人しか偉くなれませんでした。とくに公路局は外省人が多い。みんな偉そうに威張っている。

私は、そろそろ潮時だと思って見切りをつけた。

免許試験や車検の実務はすべてマスターしたし、ちょうど自動車が急速に普及し始めたときでした。

私は花蓮に戻って、花蓮で唯一、最初の教習所を立ち上げたのです。民国63年、昭和49年です。

以来、45年になります。一昨年までは台東にも設置していましたが、そこは職員に譲って、今は花蓮の吉安だけです。

◆子どもには「教育」という財産を

私には6人の子どもがいます。2男4女、次女を除いて全員、日本に留学させました。みんな国立大学です。日本の学費は高いから（笑い）。

長男は東大を出て台北大学で教授をやっていましたが、10年早く退職させて、今は、ここの経営を継いでいます。娘たちも国立美術館に勤務したり、一人は東京工大教授に嫁いだり、それぞれの道を歩んでいます。

台湾は小さな国、国連にも加盟していない、厳しい環境の中におかれています。これまでも、長い間、被統治国として生きてきた歴史があります。これからも、どのように情勢が変わるかわかりません。

ですから、親としては、どこの世界でも、どんなに厳しい境遇の下でも生きていける生活能力を身につけさせておきたい。

親はそれをサポートすることしかできません。そう思って、子どもたちには、どんどん海外に遊学させているのです。

（松本治盛）

鄭茂李さん

てい　もり。日本名・手島義矩、ツォウ族名・アワイ・テアキアナ。1927年（昭和2年・民国16年）、阿里山郷達邦生まれ、91歳。幼くして両親を失い次姉の嫁ぎ先に引き取られる。達邦教育所、楽野教育所に学び卒業。郡役所に就職。16歳で海軍に志願、高雄海兵団に入営。

わたしを育ててくれた恩人は、みんな日本人です

あなたは湾生？　花蓮港の学校に行っていた？　そうでしたか。それはそれは……。

花蓮はいいところでしょう。わたしも花蓮港には友達がいて、何回も行きましたが、静かで綺麗な、とても良い町ですよ。

東台湾の花蓮から台東にかけては、ほとんど日本人移民の人たちが開発したところで、なかでも花蓮は日本人がつくった町といわれています。ですから、昔から日本人が沢山住んでいました。

本で読んだのですが、花蓮で生まれた湾生たちが、懐かしい懐かしいって、何度も花蓮に里帰りしているそうじゃないですか。こんな阿里山のような山の中と違って、あちらは中央山脈と海岸山脈に挟まれた平地部、そこに拓かれた田園風景がとても美しい。景色では、ここ阿里山も負けないぐらい綺麗なところですが、急峻な山の中ですから、生活条件がとても厳しいです。生活の術はほとんどが農業、野菜畑やわずかな水田でも、土や石を運んだり、農作業の上り下りだけでも大変です。

ですから、この辺の山地人は、ずっと貧しい生活が続いてきました。

◆幼少時に両親を失い、姉の嫁ぎ先へ

わたしが生まれたのは、ここ楽野村からクルマで30分ぐらいの達邦（タッパン）という村です。いずれにしても阿里山の山の上ですから、辺鄙なところですよ。

わたしはそこで昭和2年に生まれたのですが、わたしが母親のお腹の中にいるときに父は亡くなり、母もわたしが6歳のときに亡くなっています。わたしは7人兄姉の末っ子でしたので、まだ若い兄姉たちは苦労しました。

わたしは、その達邦で教育所に入学しました。正式には「達邦蕃童教育所」といって、明治37年に、阿里山で最初に建てられた教育所でした。

教育所というのは、われわれツォウ族をはじめとする山地原住民が行く学校、平地人が行くのは公学校、日本人の子は小学校というように分かれていました。達邦にはまだ小学校はありませんでした。

教育所の先生は日本人と山地人。山地人の先生はウォング・イ・ヤタウヨガナ、台湾名が高一生、日本名は矢田一生といいます。高先生は台南師範学校を出て、山地人教育のために赴任してこられた、とても優秀な人でした。

旧教育所時代の鄭さん（中央）

高先生は台湾でもよく知られた方ですが、先生のお父さんもまた、土匪討伐の貢献者として有名です。

わたしは達邦の教育所に1年ほど通学しましたが、すでに両親を亡くしていましたので、ここ楽野村に嫁いできた次姉の邦子姉さん（日本名・手島邦子、結婚後は山中邦子）のところに引き取られて来たのです。わたしが8歳のときです。

邦子姉さんとは歳がだいぶ離れていますが、それでも姉さんはハタチ前だったと思います。

幼いときに両親を失うというのは辛いものです。経済的に貧しいし、何よりも寂しい。いま思い出しても、あの頃の自分が可哀そう。

でも、その後のことを考えると、ここに引き取られたことが運命を切り拓くきっかけになったと思っています。それは学校の先生や職場の上司に恵まれたこと、海軍に入って厳しい訓練を受けたおかげで、辛抱と勇敢といった大和魂、日本精神を身に着けたことです。

◆郡役所の雇員・給仕に採用されて

楽野村に来たわたしは、引き続きここの教育所で勉強しました。楽野村にも昭和8年に教育所が設けられていたのです。

わたしは、この教育所で日本語を覚えました。読み書きもできるようになりました。当時のわたしがおかれた環境、山地人の生活を考えると、卒業まで勉強できたのは幸いなことでした。

わたしは6年で教育所を卒業しました。しかし、教育所を卒業したぐらいでは、実際は何もわかりません。

山地人自体が遅れているから、それだけでは上等の仕事はできません。可哀そうです。

また問題は、教育所を卒業しても、それから上の学校に行けないことです。上の学校は平地にしかない、とても遠くて通えない、経済的にも貧しいから余裕がない、結局、山に残って厳しい農業をするしかない、それがほとんどでした。

でも、わたしは比較的運がよかった。教育所の成績が良かったので、推薦されて当時の郡役所に仮契約（臨時）雇員として給仕に採用されたのです。郡

郡役所時代の鄭さん

役所はほとんどが日本人です。

給仕の仕事は、まず掃除。机や窓をきれいに拭く、床を磨く。いちばん大事なのは上司や職員にお茶を入れること。お茶がなくなったら、また入れます。いつもみんなの呑み具合をみていなければなりません。とても忙しいです。

それから、たいへんなのは謄写版印刷です。

当時は今のようなパソコンもコピー機もないから、ガリ版といって、原稿を硬筆で油質紙に書く。「ガリ切り」と言っていましたね。それにクリーム状の黒インクを塗り込んで、1枚1枚白い紙に謄写印刷する。

このガリ版刷りも、わたしの主な仕事でした。郡役所が管理する部落は沢山ありますから、部落に通達を出すとき、上司や職員が書いた文書をガリ切りして、部落の数だけ印刷するのです。

文書のページ数が多いときはガリ切りが大変です。終わったらもう手も顔もインクだらけ（笑）。

今なら、「なんだ、給仕か」と言われるでしょうが、当時の環境を思えば、わたしにとっては大変役にたったと思います。ガリ切りにしても、わからない言葉があったら教えてもらえる、お茶汲みにしても、美味しいお茶の入れ方、飲み方がわかる。上司や職員の話から沢山の耳学問が受けられる。

おかげで、たまに平地に行ったとき、今までわからなかったことが理解できるようになった、気づかなかったものが見えるようにもなりました。

◆わたしを育ててくれた恩人・興津係長

わたしは思いました。

「なるほど、教育は受けないと困る、教育所の勉強だけでは社会で役立つことは難しい、自分の人生もよくならない」と。

　わたしは、もっと勉強したいという考えを起こしましてね。

　そのときのわたしの上司である主任は興津先生でした。興津先生は郡役所の2番係長。2番というのは担当地域を示す番号です。その興津先生は、わたしの勉強したい気持ちをすぐにわかってくれました。

　先生はわたしを家に呼んで、それから2年間、先生の家で暮らすことになりました。教科書もそろえてくれて、いろいろな勉強を教えてくれました。本当にありがたいことです。

　2年間にわたる興津先生との勉強で、わたしはいろいろなことがわかるようになりました。今までやったことがない仕事もさせてもらうようになりました。同じ等格の雇員より上の扱いをしてくれました。

　わたしは、興津先生という上司に出会えて、とても幸せでした。山地人の同じ年頃の人間に比べて、仕事にも上司にも恵まれていました。同じ山地人の子でも、わたしみたいに引っ張られない者は、いい仕事がないから可哀そうです。教育所を出ても何もわからんから、どこにも行けません。

　当時は、平地に出たら騙されるか、ひとつ間違えば殺されることもある。日本政府は、それを心配して行かせない。そんな時代でした。

◆敗戦で実現されなかった教育改善策

　山地の子どもの教育で、わたしには今でも残念に思うことがあります。

　ここ楽野村の隣りに奮起湖という村があります。阿里山に登る電車の中継地として知られるところですが、そこには日本人の子どもが行く小学校がありました。

当時、奮起湖には日本政府の出先機関が集まっていて、日本人がかなり住んでいたからです。

その小学校に、楽野村の教育所の子どもを10人ほど選んで通わせるようにしたのです。ここ楽野村から奮起湖までは1時間かかります。通学には苦労したはずです。

しかし、彼らは学力が伸びて、成績もいい、頭もいい。さらに、山地人の青年が兵隊に志願して沢山死んでいる。それに報いる意味でも、山地人の子どもの教育環境を改善しよう、という考えもあったようです。

そこで、山地人の子どもだけが行っていた教育所を、教育内容も名称もすべて日本人が行く小学校と同じにしようということになったらしいのです。このことを知っていたのは、近辺の部落では恐らくわたしだけでしょう。というのは、興津先生が、わたしだけに漏らしてくれたからです。

しかし、わたしはその実現を見届けることなく兵役に就きました。兵役から帰ってきて、それが実現していないことを知ったとき、とても残念でなりませんでした。実現直前に日本が敗戦したからです。

結局、教育所の教育レベルは、元の遅れたままの状態でした。

もしあの教育政策が実現していたら、山地人の教育レベルはもっと高くなっていたはずです。

戦後、日本人が帰ったあと、ここの教育は変わっていません。未だにかえすがえすも残念に思うことの一つです。

◆騎兵隊員になった矢田勇

わたしが教育所を卒業した後、しばらくしてから達邦教育所を1番の成績で出たら郡役所に引っ張ってもらえるようになりました。そういう人は、郡役所で数年間、いろいろな仕事の経験を積んだら地元に帰され、出先機関を任されたり、新しい事業を担当します。

そういう人は頭がいい、みんなにも尊敬され、信頼もされる。なかには日本の警察官に任命されるようになりました。

それまで日本の警察官に任用されるのは極めて例外的でした。その例外的な一人に、わたしが教育所で学んだときの高一生（矢田一生）先生のお父さんがおられます。

お父さんの名前は矢田勇といいます。

当時、嘉義県の中埔というところに日本の騎兵部隊の基地がありました。

高先生のお父さんである矢田勇は、どういうわけか毎日のように、基地の垣根の外から日本兵の訓練を見ていたそうです。それも早朝から晩までいる、家に帰っている様子もない。どうも怪しい、ということになって捕えて服を全部脱がせた。

しかし、長い竹棒を肩に差しているだけで、怪しいところはない。身体は頑健だし、人物も実直のようだ。

そこで、騎兵隊要員に加えて訓練を始めたのです。

騎兵だから、まず乗馬の訓練。山地人は馬なんか乗ったことがない、乗れるはずがない。でも、他の兵隊の乗馬訓練を見ていて、たちまち乗れるようになった。

その次は木剣の訓練。

馬に乗って木剣で戦う。彼は竹棒で戦うのに慣れているから強い。しばらくやっていると、日本の兵隊は馬から落とされてしまう。落ちた兵隊を逃さない、飛びかかって殺すような勢いでやる。

そうして、矢田勇は騎兵隊の一員になったのです。

◆土匪討伐の武勲で警察官に

ちょうどその頃、警察や住民への襲撃を繰り返して日本政府を困らせていた土匪を討伐することになり、矢田勇も参加しました。

土匪の部落は、大埔とか曽文水庫などに散在しています。日本軍はまず大埔を征伐しました。次いで最も大きな曽文水庫を攻めることになりました。

ところが、あそこの部落に行くには、リョクチクといって刺のある竹林を突破しなければならない。

銃撃戦は日本軍が有利といっても、竹林に遮ぎられてなかなか攻略できない。ようやく砲撃で竹林の一部が拓かれて日本軍が突撃したのです。

そのとき真っ先に突撃したのが高先生のお父さん、矢田勇でした。そのときの彼の勇敢さ、いちばんの標的なのに銃弾を掻い潜る敏捷さには日本の兵隊もみんな驚いていたそうです。

彼は、この討伐作戦時の大手柄で警察官に任用されました。

当時の山地服務の警察官は大変でした。

日本人の場合は、まず現地の言葉を覚えなくてはならない。学校の先生もやる、衛生指導もする、交易所も担当する、部落の会合で挨拶して啓発する、事件や事故が起きたら駆けつけて解決しなければならない、いつも短い剣を下げて駆け回っていました。警察官も一生懸命でした。

その後、若い優秀な原住民が警察官として採用されるようになったのです。

原住民の警察官は両方の言葉がわかる、部落の事情や原住民の気持ちもわかる、郡政府の方針や政策がわかりやすく伝えられるようになる、原住民の意見も聞いてくれる、そういう関係ができてきました。

矢田勇は、警察官としても多くの原住民に信頼され、活躍されたそうです。

その功績で、日本政府も彼を日本内地の視察に派遣したり、彼の子どもの教育、つまり高一生先生の教育について支援するなどして報いました。

◆ツォウ族の民族・歴史資料はソ連にしかない

その結果、文化的にも遅れている山地人の教育をどうすればいいかを考え、子どもの高一生先生を嘉義の小学校に入れました。日本人の入る学校です。

高先生は、当時の嘉義郡役所の郡主さんの家に寄宿しました。政府当局がお父さんの矢田勇を如何に信頼していたかがわかります。

高先生は、郡主さんの子どもたちと一緒に学校へ通ったそうです。授業が終わっても残って勉強をする、いつも郡主さんの子どもよりも遅く帰ったそうです。早く帰ると郡主さんの奥さんに気を使わせてしまうから、と言っていました。

先生は成績がとてもよく、後に台南師範学校に進みました。これも日本政府の山地人人材育成策によるものです。

高先生は卒業したあと達邦の教育所の先生になっています。わたしはそこで先生に巡り合ったというわけです。

高先生は、山地人の中でも優れた教育者の一人です。そのため、先生のところには山地人の歴史を研究する学者や関係者が訪ねてきます。

なかでも、ソ連の学者は高先生の家にずいぶん長期間寄宿しながら、村の年寄りの話を聞いたりして、われわれツォウ族の実態、歴史を調査、研究してい

夫婦で松島に旅行

ツォウ族の服装で（本人）

旧教育所も今では立派な小学校に生まれ変わった

ました。

残念ながら、われわれツォウ族の民族、歴史に関する最も正確な資料、文献はソ連にある、と言わざるを得ません。今の政府も時折来ては、われわれのことを調査しますが、われわれには文字も能力もなかった、だから古い記録はない、必要ならソ連の学者が書いた本を読みなさい、と言ってやります（笑）。

同じように日本人も来ます。

でも、古い昔のツォウ族の歴史を知っている人間は、もういない。みんな亡くなった。資料もない。悲しいことです。日本時代に、日本語の本でいいから、しっかりしたものを残してほしかった（笑）。

せめてツォウ族の人材として期待していたわたしの恩師である高一生先生がいてくれたら……と思ったりしますが、その先生も白色テロの犠牲で亡くなられた。とても悔しい……悲しい。

◆悲惨な沖縄戦に何度も泣いた

わたしが郡役所にいたとき、大東亜戦争の戦況が厳しくなってきて、それまで日本人だけに限られていた兵隊に台湾人も志願できるようになりました。

わたしも、興津先生の家を出て、海軍に志願、高雄の海兵団に入りました。16歳でした。

海兵団に入ってすぐ、初めて空襲を経験しました。

日本海軍の訓練は、とにかく厳しいものでした。空襲は命がけで怖いけど、訓練のような苦しさはない、そう思ったものです。

最初の頃はB29爆撃機が編隊を組んで海軍基地や飛行場、武器工場などの重要拠点を爆撃してきました。日本軍も戦闘機、高射砲で応戦しますが、相手が高々度のため、なかなか届きません。

やがて飛行場がやられて制空権を失ったのか、米軍は連日のようにＰ38機による焼夷弾と機銃掃射の空襲が続きました。

焼夷弾は恐ろしい、あれが落とされると瞬時に燃え広がり、あらゆる物を焼き尽くします。しかし、日本軍もどうすることもできない状態でした。わたしは連日の空襲を受けながら、日ごとに戦況が悪化しているのを感じました。

われわれは米軍の台湾上陸に備えていたのですが、そのとき米軍は、台湾上陸を転換して沖縄本土を目指していたのです。

後々、戦後になってニュース映画などで見たのですが、上陸前のすさまじい一斉艦砲射撃、上陸した米兵がトーチカや地下壕を火炎放射器で焼き尽くしていく光景は衝撃的でした。

あのときの日本兵は、わたしが海軍で教えられたとおり最後の最後まで戦って倒れていました。兵士だけでない、住民も一緒に戦っていました。あの映像を見たとき悔しくて、可哀そうで何度も泣きました。

◆「辛抱と勇敢」がわたしを支えてくれた

わたしは少しばかり日本の教育を受けただけですが、自分では本当の日本人と思っていました。軍港の基地でも、軍艦の上で米軍の爆撃を受けたときでも、いつ死んでも構わん、死ぬのは怖くない、強く戦う、そんな気持ちでした。

そんな気持ち大和魂って言ったでしょ（笑）。

戦争が終わって日本人がみんな帰ってしまったとき、わたしは泣けて泣けて仕方なかった。そうでしょう、わたしを育ててくれた恩人はみんな日本人です。興津先生、行政主任、兵役主任、２番課長、みんなわたしを可愛がって、可愛がってくれました。それが、兵隊から帰ってきたら一人もおらん。寂しいでしょう？

わたしがこんなに強くなれたのも海軍生活のおかげです。辛抱と勇敢を教えてくれた。どんなに苦しく辛くてもヘコタレナイ、どんな出来事が起きても怖くない、辛抱と勇敢の精神がなかったら、わたしはもう死んでしまっている。

やっぱり日本人には感謝です。

戦後、50歳の頃に初めて日本に行ったときも、そんな気持ちで日本の土を踏みましたよ。そのとき、「あ、これが日本人だ」と思い出したことがあります。日本人は小さな声で静かに話しますね、駅も町もとても静か、強く印象に残っています。

山地の人間もあまり大きな声で話しませんが、台湾人は違う。見てごらん、台湾人はギャアギャアうるさい、すぐわかります（笑）。

わたしはもう歳だから、耳が遠い、声も出ない、身体も震える、頭も働かない。可哀そうよ（笑）。

これからの台湾ねえ……気になることは沢山あるけど、こんな歳だからもう深く考えないです。

ツォウ族が平安に続いてくれたらいいな、と願うことぐらいです。

（松本治盛）

昔の日本人に会いたい、話したい

郭紹海さん

かく　しょうかい。１９２６年（昭和元年・民国15年）台南生まれ・94歳。台南の寶公学校卒業後14歳で文房具問屋に奉公。20歳で応召、戦後38歳のときに独立して文房具工場を起業。現在は子息に経営を任せ、生地・台南市内で悠々自適の毎日を送る。

◆母親から厳しい「日本式教育」を受けて

あなた台湾生まれ？　そうかね、嬉しいねえ。

ボクはね、昔の日本人と聞いたらとても懐かしい。昔を思い出してね。

台湾は日本の統治下にありましたが、でも、ご覧なさい。台北の立派な総督府、台南の州庁、日本が建てたいろいろな建築物、ホントにいいですよ。

またね、ボクら台湾人は日本人を歓迎します。なぜかというと、日本人はまことに優しい心を持って、植民地である台湾人を見下げませんでした。それでボクらはもう、誰でも日本に行きたい、日本人に会いたい、昔の日本人と話したい（笑）。

だから、もし日本に大きな災害があったら、大げさに寄付します（笑）。

ボクが生まれた家は商売をしていました。父親はね、「地獄の金（カネ）」を作って売っていたんだ。わかる？

「地獄のカネ」！

「金紙」といって、台湾では神様や仏様におカネをお供えする、お参りのときに燃やす、そのおカネのこと。

見たことあるでしょ？台湾のお寺に行ったら、赤と金色のお札を売っているでしょ、アレのこと。束になったキンキラキンのおカネ、あれをつくって売っていたの。

ボクは商売人の家に育ったから商売の要領は自然に覚えた。その頃から、商売は正直、真面目が大事、正しいお金を儲けたいと思っていましたね。

また母親はね、とても厳格な人でした。茶碗にごはん一粒残しても「いけません！」と叱られる。食べるときは「いただきます。」、終わったら「ご馳走さまでした！」、

これ日本式教育ね。とても厳しい。

でも、いい教育。だからボクは、ご飯ひと粒も残したことないよ（笑）。

悪いことも何もしたことない。「いじめたり喧嘩なんかは悪い子がすることだ！」、っていつも厳しく言われていたから、したことない。

遊びもコマ回しやビー玉遊びぐらい（笑）。

◆日本のワサビと奈良漬、大好き！

ボクは7歳で学校に上がったのだけど、日本時代の教育制度は今と違います。

日本人は小学校、台湾人は公学校に通学します。

日本人の小学校は、台南では花園小学校と南門小学校の二つ。公学校は男だけの寶公学校と女だけの明治公学校、それに男女混合の湊公学校の三つ。花園小学校はね、本来は日本人だけの学校だけど、台湾人が多くて公学校だけでは足りないから、日本人と台湾人の混合校だったの。

ボクは男だけの寶公学校。日本語は公学校に入って初めて勉強した。字の書き方も読み方も教科書も初めて習うのだけど、日本語を覚えるのは早かった。

読み方を覚えたら日本語の絵本や童話や小説がどんどん好きになった。でも高くて買ってもらえなかった。

仕方ないから図書館に通って、日本のことを必死に想像して読んだ。ほとんど毎日行くから、図書館は私の家みたいだったよ（笑）。

ほかに得意だったのは、算術と書道ね。これ、商売にも役立つよ。

ボクはね、北京語は話せないし、読めない、台湾語だけ。日本語は話せるけど相手がいない。だから今はあまり本も読まないね。

台湾語はむずかしいよ。日本語は簡単（笑）。

公学校4年生のときに長崎県出身の鈴木先生っていう男の先生に習ったの。音楽を教えてくれてね、よくピアノを弾いていた。師範大を出たばかりの優しい先生だったよ。

戦後、日本に行ったときに会ったらね、台湾のビーフンが食べたいって言うの（笑）。

台湾生活が長かったからねえ。だからビーフン持って行ったよ。

ボクのほうはね、日本のワサビと奈良漬け、あれが大好き（笑）。子どもの頃は奈良漬けなかったよ、沢庵だけ。

◆14歳で文房具屋の小僧に

当時の小学校には6年生のあとに高等科というのが2年あったでしょ。あれは落第生の救済策だよね。中学校の試験に落ちたら一年勉強して、また翌年、中学校を受けるために行くところ。

ボクは公学校出て高等科で1年勉強したけど、結局、中学上がるのをやめて、小僧になったの。家が貧しかったから文房具問屋の小僧になったの。14歳のときね。給料は月14円。教員は月30円ぐらい貰っていたかな。

その文房具問屋は文房具と紙を扱っていて、38歳までの25年間、台湾全土を売り歩きましたよ。岡山、高雄、屏東、台東、花蓮、宜蘭、台北、新竹って、ぐるっと台湾一周ね。

当時は交通が不便でねえ、まだ汽車が開通していないところもあったから、バスと汽車を乗り継いでね。一回出張に出たら2週間ぐらい帰らない。見本がないと商売にならないから現物見本を担いでね。注文を受けたら注文票を店に送る、集金したら書留を送る、という具合、大変でしたよ。商売相手は小さな文房具屋だったから、ほとんど台湾人でした。

◆いま「贅沢は敵」を実践

ボクは文房具屋に勤務しているときに兵隊に臨時招集されましてね、20歳のときです。部隊は台南の4599部隊、わずか3週間のお勤めでした。

わずか3週間でも、結構厳しい訓練を受けましたよ。しかも、米が配給制で足りない時代だから、軍隊といえども焼き芋を食べていました。

3週間だけですから外地には行っていません。それでも二つ星もらいました(笑)。

兵隊から帰って同期の奴と市場に買い物に行って

いたときに、台南の空襲があってね、錦町が全部焼けてしまった。20機ぐらいの編隊が飛んできたと思ったら、パラパラパラって焼夷弾を落としたの。もう、たちまち一帯が火の海よ。焼夷弾は残酷だね、全部焼き尽くすからね。

その日以来、アメリカ軍の空襲は定期便みたいになってね、空襲警報が鳴ったら防空壕に逃げ込み、食べるものは芋ばかり、というのが日常の定番になった（笑）。

白いご飯を食べられないのは辛いねえ、ホントに辛かったよ。あの頃のことを考えたら、いまは贅沢すぎる。それだけ豊かになって恵まれているのかもしれないけど、いつ何が起きるかわからない、いつまでもそんな時代が続くという保障はないよ。

「贅沢は敵」ね（笑）。

だからボクは、粗食に耐えられる身体づくりのために50歳から登山を始めたの。60歳までずっと阿里山に登っていました。その間、6年間ほど仏教を勉強して、修行を積んだ。今でも肉や魚は一切食べません。野菜だけの生活です。

◆「中国は嫌です」

とにかくボクのような日本時代の人間は、日本人が好き、日本に好意的よ。

なにゆえか?というとね、日本人は台湾を建設した。道路、鉄道、電力、水道、港湾、みんな日本がつくった。全国のあらゆる日本時代の建築物を見てご覧なさい。みんな立派、頑丈です。それに、何より教育制度を整備して一生懸命教育しました。道徳心も植え付けた。

ところが、戦後、国民党軍が入ってきてどうなったか?

建設もなにもしない、日本人の財産を全部没収して自分たちのものにする、政治と権力で儲けたカネをポケットに入れる。そうでしょ。

治安も悪くなった。日本時代は植民地だったというけど、殺される恐怖はない、泥棒の心配もなかったよ。

ボクらは昔、戸を閉めないで寝ていましたよ。光復後はどうか？ダメです。窓に鉄格子を付けていますよ（笑）。

終戦になったときの日本人は可哀そうでしたよ。引揚げを待っている日本人は、みんな家財道具や服、着物を道端に並べて売っていました。物は持って帰れないから、少しでもおカネに変えて持って帰ろうということだね。でも、一人いくら、という制限があって全部は持って帰れない。可哀そうよ。

そのときのことを思い出すと、ホント涙が出るよ。寂しかった。

だからボク、記念にね、仏教の金箔の絵を日本人から買ったの、ホントに綺麗。

その後、日本人が築いた大きな会社や財産は議員や役人が取ってしまった。ボクらは何もできない。明治町に日本人がやっていた大きな鉄工所があったけど、鉄道部の役人が奪ったよ。

情けないよ。もう何もかも中国は嫌です。

◆新商品のインク壺で独立

ボクは兵隊から帰って21歳のときに結婚してね、22歳で父親になったの。若い父親ね（笑）。

仕事はずっと文房具屋の外商です。それで38歳のときに独立することになったのだけれど、そのきっかけが面白いの。

文房具屋に勤めていたから、何かもっと珍しい、売れるものがないかと思ってね、インク壺を試作してみたのよ。

大理石の台に赤と青のインク壺が二つついたやつね、あるでしょ？

そうしたら、ボクが長年、真面目に勤めていたのを主人が認めてくれてね、独立して、そのインク壺をつくりなさいって言ってくれたの。

それで、思い切って独立した。小さな工場で、自分の考えたインク壺を一生懸命作ってね。売り出すまでは不安もあったけど、やってみたら、どんどん売れた（笑）。

日本から仕入れたらすごく高いけど、大理石は花蓮から取り寄せて、地元の台南でつくるから安くできた。

しかも、日本から仕入れたものと同じ値段で売れるから、えらい儲けになった（笑）。

◆子沢山、孫沢山は最高に幸せ

インク壺は順調に売れましたけど、それだけに頼るのも問題ですからね、ファイルの留め金具作ったりして徐々に生産品種を増やしていったの。

商売でおカネが貯まると土地と家を買った。すると、その土地の値段が上がる。工場は手狭になり、そこでまた別に土地を買って工場を建てる、という具合に、おかげさまで今日まで順調にやってこられた。おカネが貯まったらまず土地を買う、そういうことですよ（笑）。

いまは商売を息子に任せて引退しましたが、こうして94歳まで元気で、不自由なく生活できるのはとても幸せなこと。有り難いことです。

ボクにはね、息子が一人、娘が6人、孫は12人いるの。6人の娘のうち2人がアメリカ東部に移住していてね、妻が8年前に亡くなるまでは、二人で訪ねたものです。

妻とは、あちこち回りましたよ。でも、やっぱり台南がいちばんいい。文房具屋に勤めているとき、台北に半年ほど住んだことがあるけど、食べ物も好かないし、気候も寒い。台南がいちばん（笑）。

今はね、ボクのほうが行かなくても、夏休みや正月には帰って来てくれます。みんながボクを大事にしてくれる。とても賑やかで、楽しい。これも子どもを厳しく、きちんと育ててくれた妻のおかげ（笑）。

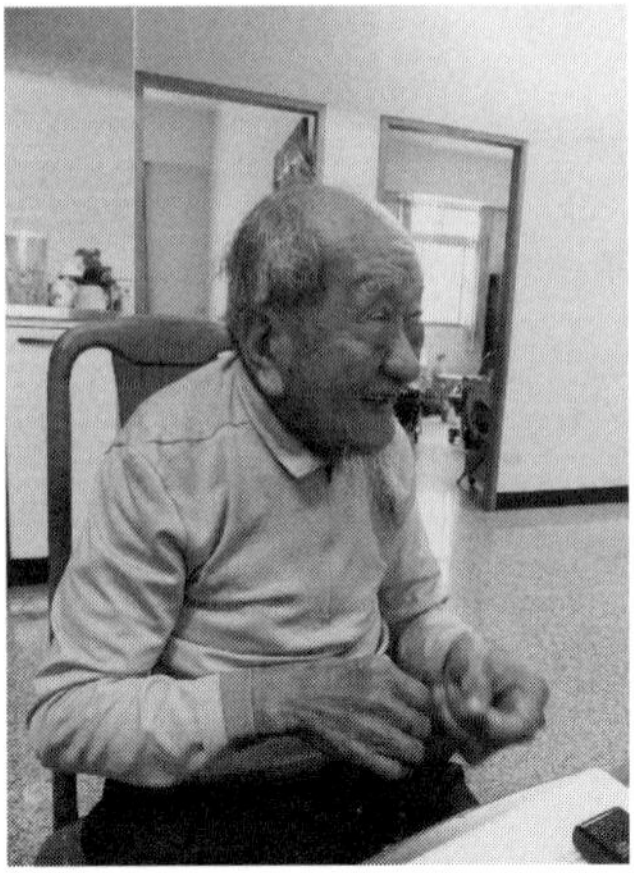
孫たちからお年玉16萬元も貰ったよ

それにね、みんながボクに小遣いをくれるの。今年の正月なんか16萬元ですよ、16萬！すごいでしょ？

え？　あなたはお年玉をあげるほうなの？　それはお気の毒ですねえ、でも貰うのも嬉しい、あげるのも楽しいよ（笑）。

ボクは今年94歳だけど、公学校の同級生で元気なのが二人いるの。今でもときどき会ってワイワイやってる。一人は玉突きの道具を売ってる、一人は線香を売ってるよ。みんな孫に囲まれて元気よぉ（笑）。

みなさんも、子どもはたくさん産んだほうがいいですよ、そのほうが絶対幸せになれる（笑）。

（松本治盛）

呉滄瑜さん

ご そうゆ。1930年（昭和5年・民国19年）花蓮港生まれ、88歳。花蓮港昭和（現・明義）国民学校、花蓮工業学校、花蓮師範、台北師専、淡江大学卒業。その間、日本語教師として奉職。退職後、台北にて日本語教室を開く。2016年に引退後は淡水にて隠居生活。

金田一春彦氏を感激させた日本語への愛情

◆私の日本時代は「日本語がすべて」

家内にも横に座ってもらいますよ、家内も日本語がわかりますから……いいですね？

そのほうが私の気持ちが落ち着きますので（笑）。淡水のこの高層マンションには3年ほど前に引っ越して来ました。それまでは台北で約30年間、日本語教室を経営していました。3年前に引退して、教室を処分して、長男の住む淡水に来たのです。

子どもは二人、長男がここ淡水に、長女はアメリカに住んでいます。二人とも日本語は全く話せません。

なぜ日本語教室を開いたかって？

そうですねえ……ひとことで言えば、とにかく日本語が大好きなんですよ。笑われるかもしれませんが〝日本語を愛している〟(笑)。

私の日本時代、私と日本の関わりといったら「日本語がすべて」と言ってもいいぐらいです(笑)。

今でも、家内との会話で突然、日本語が飛び出したりします。

といって、小さい頃から特別に日本語の教育を受けたり、日本語ばかりの環境の中で育ったわけではありません。

確かに父親は日本語を話せましたし、初めは砂金の採掘業、そのうち運送業をやりだして、日本人との付き合いも沢山ありました。ですから、父親が出入りする日本人の友達と話す日本語が、子どもの私の耳にも自然と馴染んでいたのでしょう。

それに、私の家は「国語(日本語)家庭」と「改姓名」の認定を受けていましたので、比較的「日本語」とは近い関係にあったかもしれません。

国語家庭や改姓名の認定を受けると、当時、配給制になっていた米や肉などの支給が多少多くなるといった特典があったのです。父親は大酒呑みでしたから、少しでも多く酒を配給してもらうために認定を受けたのかもしれませんね(笑)。

父親としては、「国語(日本語)家庭」はともかく「改姓名」にはいささか抵抗があったようです。改姓つまり苗字を日本名に変えることは、中国人にとって先祖代々の名前が変わるのですから……。

これらの認定には一定の条件があって、家族に日本語を話せる者がいるかとか、学歴や経済的水準はどうか、どれだけ日本的な生活をしているか、たとえば部屋にどんな服がかけているか、室内の様子や家族の立ち居振る舞いまで審査する。それも抜き打ちの家庭訪問でやるのです。

「国語（日本語）家庭」とはいうものの、勉強をする環境にはあまり恵まれていませんでした。

私は4歳のときに母親を亡くして継母に育てられていたのですが、その継母は私が勉強することにいい顔をしない。弟妹の面倒や、飼っていたウサギの餌にする草刈りなどを言いつける。毎日、家事に追い回されて学校にも行かせてもらえないような状態でした。

そんなとき、日本人の友人の勧めもあったらしくて、あるとき私が学校に通えるように手配をしてくれたのです。それが、私が通うことになる「花蓮港昭和現・明義公学校」です。

◆忘れえぬF先生の日本語とぜんざいの味

公学校には30人ほどの先生がいましたが、ほとんどが日本人の先生でした。

その中でも、日本人のF先生が大好きでした。優しくて、日本人だからといって威張るわけでもない、素晴らしい先生でした。

当時、台湾人の子どもは公学校に入ってから日本語を勉強するのが普通でした。F先生は、とても丁寧に、わかりやすく日本語を教えてくれました。私はF先生が大好きだから日本語も好きになるし、覚えるのも早い。日本語の授業が楽しくて仕方なかった。

F先生はときどき生徒をお宅に呼んでくれました。というより、私たちが押しかけることもありましたけど（笑）。

そんなとき先生の奥さんが「ぜんざい」をご馳走してくれたのですが、実に美味しかった。今でもあの甘さと食感を思い出せるぐらい旨かった。

公学校時代といえば、いちばんに先生が日本語で話している姿と、美味しかった「ぜんざい」が思い浮かびます。先生のことで、いちばん心残りなのは、戦後、内地に引き揚げるのを見送ることができなかったことです。私がまだ幼くて、駅までの距離を歩くのが大変だったからです。

その時分は戦争の最中でもあったので、軍歌が流行っていました。学校でも終日、拡声器から勇ましい軍歌が流れていたものです。私たちは毎日、全校の生徒が校庭に集まって大声で軍歌を歌いながら、「歩調を取れえー、頭（かしらあー）、右ー」といった軍隊の分列行進みたいなことをやっていました。

先生に引率されて特攻隊の出陣式を見に行ったこともあります。

特攻隊員の若者が実にカッコよくてね、憧れましたよ。自分も早くああなりたい、どうにも羨ましくて、まだ小さい自分が恨めしくて泣きましたよ（笑）。

特攻隊や戦争が怖いだなんて、ちっとも思わなかった。

◆「呉老師日本語教室」開設

私が正式に日本語の勉強を始めたのは戦後、結婚してからです。

それまでは、公学校時代の親しい先輩たちと日本語で話したりして、日本語を忘れないようにしていました。それも大っぴらにはできないので、こっそりと、ボソボソとね（笑）。

その後、家内に支えられて大学に入り、本格的に日本語の勉強を始めたのですが、日本語を専攻したのは、やはり日本語が大好きだったことと、好きなことなら一生懸命になれる、という姿を子どもたちに見せたかった。

ただ、その後、教師になったものの〝日本語の教師〟ということで、出世はできませんでしたけどね（笑）。

国民党政権にとっては、日本はいわば敵国だったわけで、その言葉を教えるケシカラン奴、と思われていたかもしれません。白色テロの取り締まりや戒厳令下でもありましたから……。

私は一介の日本語教師にすぎませんので、身の危険を感ずるほどのことはありませんでしたけど、誰かに見張られているような居心地の悪さは常に感じていました。

やがて世の中も落ち着いてきて、日本との経済交流が盛んになってきましたので、台湾の子どもたちに、もっと自由に、思いっきり日本語を教えてやりたい、という気持ちが私の中に湧きだしたのです。

そうなると、もうじっとしていられなくなり、さっさと退職して日本語教室の開設に奔走しました。

そうして生まれたのが「呉老師日本語教室」というわけです。

幸い時流にも乗ったのか、教室には日本に留学したい若者たちが沢山来てくれました。あの頃の若者は留学に燃えていたので、とても熱心に勉強しました。自分から、「こんな勉強がしたい」といって、受験用の教材を持ち込むほどでした。

そして日本の大学にどんどん合格しました。省議員や市長になった子もいます。

そうした教え子たちの活躍のおかげで教室の評判も高まり、日本でも著名な陳瞬臣先生ご夫妻が訪ねて来られ、通訳を仰せつかったりしました。

また、あの金田一春彦先生もいらっしゃいました。

そして先生は、こんな言葉を書き残してくれました。

「呉先生に——日本語を　かくも愛する君を知り

わが喜びは胸に溢るる」

◆「花蓮港昭和公学校校歌」

いま振りかえって考えますと、私が日本語を好きになったのは公学校時代によく歌っていた童謡や唱歌に一因があるように思います。とにかく歌詞が優しくて美しい、メロディもきれい、大好きでした。日本語の勉強にもなる。

生徒たちはみんな唱歌が好きでしたね、大人になっても口ずさんでいますよ。年に1回、公学校の同窓会があるのですが、集まると必ず歌うのが「花蓮港昭和公学校校歌」と唱歌です。

『懐かしき公学校唱歌　花蓮港昭和公学校校歌

作詞・野口雨情』

この本は、公学校時代に習った思い出の唱歌を、私が1冊にまとめたものです。本の扉には、さきほど紹介した金田一春彦先生の言葉とサインが記されています。

本の表題にもありますように、私の母校・花蓮港昭和公学校の校歌は、日本の詩人、野口雨情の作詞です。野口雨情がわれわれ昭和公学校校歌を書いてくれたいきさつには、面白いエピソードがあります。それについて、あるところに書いたことがありますので、抜粋して紹介しましょう。

雨情といえば当時の北原白秋や西條八十と並び童謡会三詩人と称された、とても有名な人物である。入学前に見よう見まねで覚えた歌だけでも、黄金虫、シャボン玉、七つの子、などがある。T先生が語られた内容を私自身の記憶をもとに、ここに再現してみることにする。

野口雨情が花蓮港に来ていると聞いた校長先生は、これはまたとない絶好のチャンスと考え、腹を決めた。１９３９年4月の創立で歴史の浅い昭和公学校には未だ校歌が無かったのである。

校長は急ぎ野口雨情の泊まる宿を訪ねた。この校長は、当時の花蓮港廳下では教育界の先輩格で、農業学校で教鞭を執られたこともあり、台湾農業振興に多大な貢献ありと総督府の推薦で「勲八等従七位」を受章、地元の名士として知られた人物であった。威厳に満ちて近寄りがたい感じであったが、私が1年生の時に一度だけ授業を受けたことがある。その面白かったこと楽しかったことは、今でも忘れられない思い出である。

校長は、野口雨情に三拝九拝して校歌の作詞を頼んだ。雨情も快く引き受けたので早速学校に案内した。約束どおり校長が宿に上がったときには、歌詞は既に完成していた。校長は恭しく受け取り広げて目を通すと、見る見る顔が喜びに輝き、心の中で快哉を叫んだ。これほどの　吾が校を適切に表現し得るとは思いもよらなかったのである。素晴らしいの一語に尽きる。

校長は感無量で暫し唖然として沈黙の中にいた。学校の教訓である誠実・礼儀・勉強もきちんと織り込まれている。「米崙山は窓近く」に至っては素晴らしい写実で、歌詞をここでご披露して見よう。

昭和公学校校歌　　作詞・野口雨情／作曲者不明

一　天律神風　吹くところ
　きこえて高き　能高山
　怒涛逆巻く　太平洋

剛健の気は　はれり

二　勤勉努力　朝夕に
忠と孝とを　旨として
礼儀誠実　ひとすじに
学びに道に　勤しまん

三　米崙山は　窓近く
緑の色は　いや探し
希望の光　射すところ
われらが　昭和公学校

◆作詞者・野口雨情の温情

これで一件落着と想いきや予期もせぬ難題に遭遇した。雨情の提示した作詞代金があまりに高額で、予算では賄うことが出来なかった。

思い余って恐る恐る校長は呟くように懇願した。

「あのう恐れ入りますがお値段は私らの費用では賄い兼ねますので、なんとかオマケしていただけませんでしょうか」と。

「ならん、私と駆け引きする奴があるか」

雨情は少々不機嫌であった。

校長は雨情の剣幕に恐れをなし、只おろおろするばかりであった。気まずい雰囲気の中、ややあって雨情が口を開いた。

「それなら今すぐに白い扇子を十把買って来い」

と命じた。

何のことだかわけのわからない校長は、

「ハイ、承知致しました」

と一礼して、その場を引き下がった。

それから校長はその足で町中を歩き回り、言いつけられた通りの扇子を買い求めて宿に戻った。雨情は明日の朝9時ごろにもう一度来るようにと申しつけた。

さて、どういうことになるのか、校長はまだ五里霧中の状態にあった。

昔から、多くの詩人や俳人たちは墨の濃淡で描く魔力的な美しさに魅了され、趣味として水墨画を嗜んだ彼らは、常に携帯用の毛筆と墨硯を携えて行脚していた。一句を書いてそれに墨絵を添えて風情とした。

雨情は竹と小鳥を描くのが得意であったと伝えられている。校長が届けてきた一把一把の扇子に竹と小鳥の墨絵を描き、それに署名捺印をした落款で見事な作品に仕上げた。

翌朝9時頃におそるおそるやって来た校長に
「どうだ、こういう絵に仕上げてみたが、この扇子を興味あるものに扱って見ないか」と言った。

校長は墨絵特有の濃淡と落款の朱色に魅せられて一瞬我を忘れて見入っていたが、ハッと気が付いて
「ははあ、お見事な出来栄えに心を奪われて失礼いたしました。早速、町の有力者の訪問に参ります。まとまり次第ご報告にあがります」

校長は座布団を離れ両手を畳について頭を下げて引き下がった。

野口雨情の親筆と落款が押された墨絵扇子は飛ぶように売れた。電話で有力者一か所に集めて販売の主旨を説明しただけで、われ先にと競うように売れた。家宝として子孫代々残して置きたいと願う人が多かったのであろう。

このような経緯で昭和公学校の校歌は目出度く産声をあげた。

それにしても雨情の暖かい人情味は今日まで、忘れられることはない。

思えばこの歌が出来たのは１９３９年頃だったと記憶している。公学校の名称は１９４１年3月に国民学校令の交付により「花蓮港市立国民学校」となった。校歌の最後の一句も、われらが昭和国民校と変えられた。

◆「生まれてすぐに　壊れて消えた」校歌

当時、野口雨情は童謡を広めるために内地ばかりでなく台湾、朝鮮、樺太、満州方面にまで足を延ばしている。台湾では、１９３８年に創設された台北州立蘭楊高等女学校校歌の作詞も手掛けている。花蓮港廳昭和公学校校歌が完成する1年ぐらい前のことである。

記録によれば、雨情は台湾を2回ほど訪ねている。教育熱心な校長が遅れを取るようなことはありえないと思う。この素晴らしい歌詞は雨情のものと確信するに十分である。

この校歌は私らが昭和公学校2年生から6年生で卒業するまで、記念日や運動会などの行事のたびごとによく歌われた。

3年生の時の昭和16年12月に大東亜戦争が勃発し、唱歌の大半は国民歌や軍歌に取って代えられたが、校歌は依然として全校生徒の共通の愛唱歌であり続けた。

戦争が激化すると校舎は軍隊兵舎として接収され、校庭や運動場は増産報国のためヒマ（ヒマの種から飛行機燃料の代替品を精製する）畑と化し、昭和20年の第6回生の卒業式は花蓮港神社で挙行することを余儀なくされた。

このとき歌われたのが公式の場における最後の校歌斉唱となった。花蓮港神社の境内で校歌が声高らかに斉唱され、仰げば尊しわが師の恩に涙した68年前の情景は、今でも昨日のことのように思われてならない。

１９４５年8月、日本の敗戦は晴天の霹靂で、雨情のシャボン玉のように、校歌も「生まれてすぐに壊れて消えた」如く終末を迎えた。

◆日本の「桜前線」はここ淡水から始まる

台湾が日本領土を離れ中華民国台湾省となると日本語の禁止とともに昭和国民学校（昭和公学校）は廃止され「花蓮県立明義国民小学」（現在の花蓮県花蓮市立明義国民小学）と校名を変えた。私達六回生が日本統治時代最後の卒業生となった。

近年、台湾各地に存在していたこの種の同窓会は会員の高齢化を理由にほとんど閉会していると聞く。数えてみれば昭和20年の敗戦の年に卒業した人はすでに80才を超えている。私達、昭和公学校第6回卒業生の同窓会も、いつまで続けられるかわからないが、今日まで健康であることを感謝している。

最後に、校長先生の苦心と、愛国詩人野口雨情の武士の情けに深く感謝の意を表したいと思う。私達の生きている限り、この日本語の校歌は消え去ることは決してありえない。そしていつまでも心の中で生き続けていくであろう。

我らの校歌は不朽不滅の光芒を放ち歴史の中に存在すると信じてやまない。希望の光り射すところ我らも昭和公学校の校訓「誠寶禮儀剛健」を忘れずに、美しい老後の人生を夢見る人間になろうではないか。

私は雨情の書いた唱歌を口ずさむたびに思うのですよ。

野口雨情は戦争が嫌で、それから逃げるために童謡普及の旅をしていたのじゃないか？とね。

桜前線はここ淡水から始まります

さて、ここのマンションの屋上にあがって淡水の街を眺めませんか。淡水は山と桜が有名ですよ。

よく日本人は「何々富士」と言いますね。日本人は富士山をとても愛しています。

淡水河を挟んで向かいに聳えるあの観音山は淡水のシンボルです。日本統治時代は「淡水富士」と呼ばれていました。

それから桜。

日本で桜前線というでしょう。あの山へつながる道路は桜並木になっています。日本人が植えたものです。

1月には桜が咲いて、休日ともなれば多くの家族連れで賑わい、車が渋滞します。

桜前線のスタートは、本当はここからですよ（笑）。

（河辺千佳）

林長榮さん

りん　ちょうえい。日本名・鈴木栄太。1928年（昭和3年・民国17年）花蓮港廳瑞穂生まれ、91歳。瑞穂の公学校（現・瑞美国民学校）、花蓮工業学校を経て紅葉小学校で代用教員を勤める。その間、夜間の花蓮高等師範専科に学び、卒業後、瑞穂小学校の正教員となる。約40年近い教員生活を定年で終え、現在、瑞穂で年金生活。

日本統治時代を知る年寄りは皆「日本びいき」です

◆瑞穂駅前で時代の移り変わりを「定点観測」

私は昭和3年にここ瑞穂駅前の実家で生まれ、今年、数えで91歳になります。工業学校の寄宿舎生活時代以外はずっと瑞穂の駅前に住んでいます。

生まれたときは日治時代、いわゆる「日本人」です。言葉も、家では台湾語と日本語。おばあちゃんだけ日本語がよく話せません、聞くことはだいたいできる。おばあちゃん、日本語の教育受けていないから。

私が生まれたのは父ちゃんの実家で、おじいちゃんが雑貨屋をしていました。父ちゃんの日本名は鈴木俊徳といっていました。

ウチは瑞穂駅の目の前ですから飲食店や土産物店

がある。警察署もすぐ近く、役所も近い。おじいちゃんも父ちゃんも、警察官や役人たちと顔見知り。だから、警察官、役人、鉄道の人みんな勤めの帰りに、家の前でご飯を食べたり、酒を飲みに来ていました。父ちゃんは警察官、鉄道の人とも仲がよかった。

あの人たちが日本に帰ってから70年、いろいろなことがありました。瑞穂もだいぶ変わりました。日本人はいなくなりましたけど、最近は温泉に来る日本人観光客が増えています。

私、住いはずっと瑞穂、仕事は教員一筋で40年、今は年金生活の隠居。教員も、ただのヒラ教員だから他に使いものにならない(笑)。

だから、子どもと教員の立場から日治時代、空襲、終戦、日本人の引揚げ、国民党軍の入台と統治などの変わり方をずっと瑞穂駅前で見てきました。テイテンカンソク(定点観測)ですね(笑)。

◆今でも使われている二宮尊徳の教え

ウチの雑貨屋には日本人のお客さんもよく来たので、家では日本語は当たり前のように使っていました。ですから私の日本語、子ども時代のほうがずっと上手だった。今はもう70年以上使っていないから、むずかしい言葉みんな忘れました。

当時、台湾人の子どもは日本語ができないと日本人の学校に行けませんでした。

ウチは「日本語家庭」だから行く資格がありましたけど、父ちゃんは行かせなかった。いろいろ言われるから。「あいつは台湾人だ」とか、苛《いじ》められるかも知れない。父ちゃんはそれが心配だったらしい。

それで小学校は台湾人、原住民が行くいわゆる公学校。でも先生はほとんど日本人の先生、授業も日本語。だって台湾人も原住民も日本の国民だから仕方ない。

教科書も国語、算数、理科、修身みんな日本語。修身はいいですよ。教科書には子どもが皆、立派な人間になるような教えが書いてある。

教育勅語も、そう。中味はいいことしか書いてない。勅語の前と後はあまりよくないけど、中味は上等。学校の式で、必ず校長先生が読み上げていました。みんな直立して聞いた。静かに聴かないと怒られる。小さい1年生、2年生も我慢して聴いた。ちょっと辛かったね（笑）。

台湾では、今でも「二宮尊徳」の教えを道徳教育に使っています。

ここの瑞美国民小学校にも校門を入ったところに銅像があります。戦時中はもっと大きかった。それが戦争で銅が不足したから、学校の銅像が全部外されて鉄砲玉になった。今あるのは作り変えたものです。でも国民党政権時代はダメ、認められませんでした。李登輝総統のときから復活が認められたのです。

二宮尊徳が薪を背負って本を読んでいる姿、あれは子どもたちに「寸暇を惜しんで勉学に勤しむ」という無言の教えを示している。これは世界共通して使える教材でしょう。良いものは良い、悪い使い方しなければ台湾も日本も関係ない、国民党も民進党も関係ない。

◆懐かしい台湾神社での神輿担ぎ

学校は違ったけど近所の日本人の子どもたちとはよく遊びました。

ウチの隣りが加藤さんというお医者さん、そこに同じ歳の子がいて、その友達なんかと駅前の広場でよく野球をしていました。大人たちはテニスをやっていました。

今の子はあまり野球なんかやらない、勉強が忙しいのかスマホが面白いのか（笑）。

今でもいちばん懐かしく思うのは神社のお祭りです。

神社は紅葉温泉の山の上にあって、年に一度の祭り。そのときは全部の学校が神輿を出す。みんな生徒と先生の手作りの神輿です。

日本人の小学校の神輿は飾りつけが素晴らしかった。日本人は器用なのか、神輿を沢山見なれているからなのかとても上手くできていた。

ウチの学校は三井先生が設計して生徒が作るのですが、飾り付けがちょっとさびしい（笑）。

80年にわたり定点観測をしてきた瑞穂駅前

立派になった元の公学校（現・瑞美小）

今も道徳教材に使われている二宮尊徳像（瑞美小）

その神輿を生徒が担いで、大きな団扇を持った子が先導しながら生徒たちがワッショイ、ワッショイと練り歩くのです。あのときの興奮は今でも思い出します。神輿づくりが始まると、学校でも家に帰ってもワクワクしていました。

◆知人の息子さんの出征見送り

小学校のときは出征兵士の見送りにも行きました。学校から瑞穂駅までみんな並んで、旗もって。知り合いの塚脇さんの息子さんが兵隊にとられたときも行きました。

駅では瑞穂から出征する兵隊さんを囲んで、町長や偉い人たちが激励する。みんなで歌を歌う。

♪勝って来るぞと勇ましく
誓って国を出たからは
手柄立てずに死なりょうか
進軍ラッパ聴くたびに
瞼に浮かぶ旗の波

塚脇さんの息子さん、真っ赤な顔して別れの挨拶しました。

「おかあさん、行って来ます！　来年、靖国神社で会いましょう！」

息子さん、そう言いました。

ボクは靖国神社のこと、父ちゃんから聞いていたから意味がわかった。息子さんは覚悟していた。塚脇さんのかあちゃん、家族もみんな嬉しいような悲しいような顔だった。みんな顔は笑っているけど、少し歪んでいた。

汽車が発車したとき、塚脇さんのかあちゃん、ホームの柱に顔をつけて泣いていました。

ボクの叔父さんも兵隊に行きました。高雄の海兵団で訓練を受けながら待機していた。そのときに終戦になった。

ウチの父ちゃんも壮丁団の通信隊で隊長やっていた。壮丁団というのは壮年者で結成された組織、地域の安全や警察の手伝いもする。今は「義警」と言っている。ウチの叔父さんと同じ軍事訓練もする。

原子爆弾がもう少し遅くなっていたら二人とも戦死していたかも知れない。

◆先生より怖かった上級生

瑞穂の小学校を終えると花蓮港の花蓮工業学校に進学しました。本当は5年間だけど、戦時中だから4年間に短縮されていました。

瑞穂からは通えないので学生寮です。戦時中でも寮生活は楽しかった。友達も沢山できた。ボクは運動が得意、バレーボール、テニス、陸上は100メートル《メートル》の選手でした。だけど、走りすぎて膝の関節を痛めてしまった。

日本人の先生たちも授業には厳しかったけど一生懸命。殴ったりしない。

先生よりも上級生のほうが怖かった。敬礼しないと「ビンタ」を喰らう（笑）。

とくに台湾人の上級生は、下級生を苛《いじ》めるのが酷い。年上だったり、ある程度の地位につくと、下の者を苛《いじ》める。これ、台湾人のいちばん悪い根性です。

昔、「勤業報国青年隊」というのがありました。陣地の構築や後方支援活動をする、台湾人の若者だけで組織されたものです。日本人の若者は兵隊に行きますから。だから幹部も皆、台湾人です。

この隊は過酷な仕事と訓練で知られていました。暑い日中に裸で重い石を担いだり、遅くまで働かされる。そのうえ、幹部からは酷い苛《いじ》めにあうという評判だった。残念ながら、台湾人には昔ほどではないけど、今でもそういう傾向が残っている。

◆帰郷列車が爆撃されて負傷

ボクは軍隊に行った経験はありませんが、軍事訓練は受けています。当時は、すでに戦況がかなり厳しくなっていて、中学生でも軍事訓練があった。

その頃、花蓮港沖にアメリカの艦隊が出没するようになって、花蓮港に上陸するらしい、という噂が立った。学校でも大変な騒ぎになりました。

それまでは、普通の身体の鍛錬や講義なんかをやっていたのが、急に米軍の上陸に備えた対戦車肉薄攻撃の訓練に切り替わった。腹這いになって匍匐前進、戦車に接近して爆弾を仕掛けるという訓練です。

幸いというか、今考えると沖縄の人には気の毒だけど、あのとき花蓮港沖を通過したアメリカの艦隊は沖縄に向っていたらしい。

ちょうどその頃、花蓮港にも最初の空襲があった。こっちはアメリカ艦隊が沖縄に向っているとは知らないから、空襲が始まると、いよいよ上陸が近いのだと思った。学校は、瑞穂のように遠くから来ている者は皆、寮生活。花蓮港の空襲が何回か続くようになり、授業どころではなくなった。

そこで、全学寮生は田舎に帰るように、校長先生から指示が出された。ボクは瑞穂に帰るため、友人と台東行の汽車に乗った。それが惨劇の始まりでした。ボクの乗った汽車が爆撃されたのです。

汽車が渓口駅を出て間もなくでした。突然、米軍のグラマン機に急襲され、猛烈な機銃掃射を受けた。「床に伏せろ！」という声が聞こえたので、夢中で伏せた瞬間、頭と手が熱くなったような気がした。

気がついたら、弾が手首を貫通、頭もかすっていた。車両はいたるところ穴だらけ、血だらけの乗客がいっぱい、がたがた震えた。出血も心配、傷が焼けるように痛い、だけど恐怖のほうが強いから、ただ震えていた。汽車の中は地獄でした。

それでも、その汽車は止まらずに鳳林駅まで走り続けた。グラマン機から逃げるみたいに途中の駅もノンストップ。

やっと鳳林駅に着いて、とりあえず応急手当を受けるため運び出されたけど、道路脇に寝かされただけ。

助かる見込みのある者から診療所に運ばれた。といっても診療器具一つないお粗末な施設だったらしい。あとで聞いたら、肥料会社の倉庫だといわれた。

幸運なことに、瑞穂から鳳林に転勤していた顔見知りの警察官が、道端に横たわっていたボクを見つけてくれて、父に連絡してくれたのです。翌日だったか、父ちゃんが来てくれたのだけど、あまりにお粗末な施設だから、治療は自己負担するからといってボクを貰い受けた。

そして駅近くの友人宅で、しばらくお世話になった。たまたま鳳林で小児科の医者をしている父ちゃんの友人がいたので、往診を頼んだ。毎日、オキシフル、ヨードチンキの消毒。時間はかかったけど、それで直った。

粗末な施設に残った人たちには酷く化膿したり、破傷風で亡くなった人が何人もいました。ボクの友達も、一人は腿を貫通、ひとりは大変な出血で長く入院していた。

ボクは傷が治って瑞穂の自宅に戻って療養。結局、翌年に修業期間を満了しないまま卒業ということになった。

◆「喜ぶのは早いよ、後でわかるから……」

工業学校を卒業して瑞穂に帰り、地元の紅葉小学校の代用教員になりました。戦時要員に徴用されて若い先生が足りなくなっていたのです。

教員をやってみたら、これがまた楽しい。若いから情熱もある。それなら、「代用」でなくて正規の教員になろうと思って夜間の高等師範に通うことにしました。

それから間もなくして戦争は終わりました。終戦は、学校でラジオの放送で知りました。

あのときは悔しかった、ショックでした。小さいときから「敵はアメリカだ！」と教え込まれていたから、日本が負けたのがすごく悔しい。たいがいの子どもは悔しがっていた。

でも、台湾人の先生の中には喜んだ人もいた。ある日本帰りの先生が言いました。

「喜ぶのは早いよ。あとでわかるから……」

ボクは、どういう意味なのかわかりませんでした。家に帰ったら、婆ちゃんが嬉しそうな顔してボクに言いました。

「日本が負けたから、台湾は祖国に戻れるのよ！」

ボクは、自分が悔しいという気持ちもあったから、日本帰りの先生が言っていたことを、そのまま婆ちゃんに言いました。

「婆ちゃん、喜ぶのは早過ぎるよ。あとでわかるから……」って。

それから2年後に228事件が始まりました。日本帰りの先生が〝後でわかるよ〟と言ったのは、こういう事態になることを予想したのか、正直、未だにわかりません。それとも〝日本が立ち直ったら必ず台湾を取り戻しにくるよ〟と言いたかったのか？（笑）。

◆消えた228事件への抵抗

228事件などの弾圧や白色テロが始まったときは本当に怖かった。

有力な議員や学者、医者、教員などが次々に拘束され、処刑されました。特にインテリと言われる人たちが狙われたのは、彼らが反抗の指導者となり得るからです。

228事件によって優秀な先生がかなり犠牲になったため、教員不足が生じたと言われています。

ある時、恐怖の弾圧に抵抗する呼びかけがラジオから流れました。

「東部台湾の人々よ、目覚めなさい！いつまで寝ているのか?立ち上がれ！」

といったような内容だったと思う。

この放送があって、東部の花蓮県でも抵抗する動きが出てきました。

ボクの学校でも、日本帰りの先生が、地域の青年たちを集めて軍事訓練を始めました。主に兵隊帰りの若者を中心にして、全員、日本軍の軍服を着て訓練していました。

山地の原住民の青年たちも、それに呼応して組織がつくられました。彼らは、全員が蛮刀を下げた姿で汽車に乗り込み、花蓮港に向かいました。

花蓮港に集結した青年たちに対して、当時、国の代表委員だった馬有岳先生が諭しました。

「キミたちは帰りなさい。蛮刀だけでは勝ち目はない。相手には鉄砲がある。これではもっと悲惨な結果になるだけだ」

結局、彼らは馬先生の言葉を受け入れて帰ってきました。

もし、あのとき反抗して戦っていたら、全員が犠牲になっていたかも知れません。ここ瑞穂でも、無事には済まなかったでしょう。

◆228弾圧を逃れて山中に

２２８事件といわれる弾圧や拘束、処刑の嵐は全台湾に吹いていました。

２２８事件は１９４７年2月に起きた「ヤミ煙草売り」に対する当局の没収、傷害事件が始まりといわれます。その事件をきっかけにして八堵駅事件、林木杞事件、林武広事件、高雄２２８事件、エリート暗殺計画というように全国に広がっていきました。

反乱事件も起きましたが、無残な形で鎮圧されました。瑞穂の若者たちが馬先生の判断にしたがって反抗を断念したのは正しかった。

ボクの家でも、どんな酷い目に遭うかと、みんな不安でした。

日本が負けたと喜んでいた婆ちゃんも日本時代につくった浴衣を破いたり、日本時代に撮った写真を全部焼きました。とにかく日本のものを持っているのが怖い。全部捨てた。

すでに花蓮県でも２２８事件の犠牲者は出ていました。あの張七郎先生親子が当局に惨殺された事件です。

張先生と子息2人が殺された。父親の張先生は鳳林で開業医をしていましたが、その頃は地区代表委員や国民大会代表委員など、いろいろな公職に選ばれていたので、狙われたのです。

２２８事件の広がりを知って、ボクと父ちゃんは舞鶴の山の中に逃げました。

父ちゃんは地域の安全を守る組織の隊長をしていましたから狙われる、危ない。瑞穂の有力者たちも、男は逃げた。

山の中に逃げたけど、ボクは教員だから学校に行かなければなりません。生徒たちに授業をしなければなりません。授業以外の仕事もあります。

翌日、ドキドキしながら学校に行ったら、校門の前に鉄砲を持った兵隊が2名立っていました。

もう怖くて怖くて。息を止めるようにして校門に入りました。あの時は、いつ後ろから撃たれるかと震えていました。それでも授業はやりました。普通にしていないと怪しまれるから。

舞鶴の山の中には1か月ほどいました。そうしたら、国民党から勧誘の呼びかけが始まりました。

「早く出てきなさい。自首して国民党に入れば無罪になります。」

有力者たちがみんな居なくなったので町が動かない、当局もそれに気付いたのかも知れません。

それで、みんな恐る恐る山を降りて自首しました。

幸い何も起きなかった。そのときいた人はほとんど国民党に入りました。

その後、父ちゃんは村長もやりました。選挙で「郷長」にも選ばれました。

その頃いちばん辛かったのは、やはり食糧不足です。

日本人が帰ったあと、何十万人もの国民党軍が来て、日本人が残して行った食糧から何からみんな持って行った。米を作ってもほとんど持っていかれる。有無を言わさない。あのときは、つくづく日本時代のほうが良かったと思いました。

日本人の中にも台湾人を苛《いじ》めた者がいなかったわけではありません。罪を犯していないのに自白を強要した刑事とか、なかには酷い苛《いじ》めをした者もいた。彼らは引揚げの前に、台湾人から仕返しをされていた。その刑事と一緒になって苛《いじ》めた台湾人の警察官もやられた。

それを見た日本人の中には「自分もやられるのでは?」と恐れていたけど、やられたのはごく一部、台湾人によほど酷い苛《いじ》めをした者だけ。普通にやっていた人には手を出さない。当たり前でしょ。

◆「日本人と暮らしてよかった」

ボクの世代は、子どもの頃、みんな日本の教育です。道徳、修身、しつけ、「日本精神」(笑)。

厳しかったけど、今でも日本の教育は良かったと思います。悪いことをした者には厳しい、良いものは護る、認める。はっきりしていました。〝勧善懲悪〟です(笑)。

だから、映画の「暴れん坊将軍」が好きです。自分の領民を苛《いじ》める悪人を懲らしめる、領民を護る。部下や領民も自分たちの土地と生活を護るために命がけで闘う。

ボクはそういう教育を受けて育ってきましたけど、自分ではいい教育を受けたと思っています。だから、今でも「日本びいき」です(笑)。

日治時代を知っている台湾の年寄りは、ほとんどが「日本びいき」でしょう。その証拠に、昔の日本人の友達、知人が沢山くる。みんな抱き合って喜ぶ。涙流す人もいる。ボクの学校にいた同僚の先生が来たときも、みんなで大歓迎です。

ところが、戦後、国民党の反日教育を受けた若い人は「日本は悪い、日本人は酷いことをした」という。ボクは彼らに言ってやります。

「日本人と一緒に暮らしてきた者が〝良かった〟と言っているのに、日本人と一緒に暮らしたことがないキミたちが〝日本時代は悪い〟というのはおかしいじゃないか。」

彼らは、〝日本は悪い〟と書かれた教科書から得

教師一筋の40年でした（妻と）

た知識だけでモノを言っているのです。悪宣伝の教科書と教育に犯されている。

最近は、テレビやネットから日本や日本人のことがわかるようになったし、日本に旅行する人が多くなったので、だいぶ様子が変わってきたようだけど……。

ボクは、子どもの時からずっと日本人を見てきたし、一緒に暮らしてきました。戦後やってきた国民党の中国人も見て、両方知っている。両方を体験したから統治や民度の違いも比較できる。

その立場からいって、やはり日本のほうに軍配をあげる。

こんなことを言ったら「売国奴」と言われるかも知れない（笑）。

◆これからの台湾――難しい、でも自由は欲しい

これからの台湾どうするか？

とても難しい問題です。国の針路を選ぶのが難しい。

戦後に大陸から来た外省人は合併する気持ちを持っている人が多い。中国との統一です。ボクの本音は、大陸との統一は望まない。できれば独立して欲しい。

でもアメリカは認めない、日本も望まないでしょう。揉め事は起こしてほしくないから（笑）。

共産主義の大陸では、自由が厳しく制限されています。外省人の人は大陸にも自由があると思っているかも知れないけど、政府に不満があっても文句が言えない。下手に言ったら拘束、逮捕される。

台湾は政府の悪口を言っても許されます。不満があったら、自分が立候補して政治に直接参加することもできます。

「大陸とケンカしたら経済的に苦しめられる」、といって独立反対、統一賛成を叫ぶ人がいるけど、ボクは「ケンカしろ」と言っているのではない。仲良く付き合えるなら、そうしたほうがいい。

でも共産主義の中国と統一することは望まない。多少、経済的な苦しさを我慢してでも、自由があるほうを選ぶ。

今の自由を守り、ケンカをしないためには、日本、アメリカなどの民主主義の国としっかり手をにぎって、台湾の民主主義体制、自由経済体制を守っていくしかないでしょう。日本やアメリカ、その他の自由主義国がそれをどこまで保障するか、中国の介入をどう防ぐか、その舵取りがとても難しい。

（松本洽盛）

李明通さん

りめいつう。1930年（昭和5年・民国19年）台南の後甲生まれ、88歳。太子国民学校、台南第二公学校高等科、当時の台南二中卒業。21歳時に建設会社を起業。後年、近畿大学に留学。里長（町長）、省議員（国会議員）も勤めた。

子どもの頃からいい感情を持っていたよ

◆唱歌も軍歌も大好き

李　私どもは昭和5年の午年生まれですから歳も同じ88歳。二人とも日本名はありません。

生まれたのは台南の後甲という田舎で、家は代々が農業でかなり手広くやっていました。姉弟は姉が3人います。男は私一人だけ。

謝季春　田舎の御曹司というところね（笑）。わたしが生まれたのは台南の大湾、ピーナッツの名産地、田舎ですよ。

李　後甲は田舎でしたけど、日本人もいましたよ。一緒に遊んだこともある。父親も日本の方と付き合いがありましたし。

李謝季春さん

りしゃ　きしゅん。1930年（昭和5年・民国19年）台南・大湾生まれ、88歳。大湾公学校、台南第二高女卒業。戦時中に赤十字会で働いた。

でも、家では日本語しゃべらない、公学校に入って初めて日本語を勉強した。先生も日本人、教科書も日本語でした。

謝季春　わたしは地元の大湾国民学校で日本語習ったの。小さいときから身体が弱かったから運動が苦手でね、好きじゃない。そのかわり歌が大好きで、日本語も歌で覚えた（笑）。

♪赤帽、白帽、緑のぼうし……。

運動は苦手で嫌いなのに運動会の歌は全部覚えている（笑）。

♪いかだかづらが咲き出した
緑の棚を一面に
赤紫の色に染め
いかだかづらが咲き出した

いかだかづらを見るにつけ
忘れられないおじいさま
あの木を植えて朝夕に
たんせいされたおじいさま

これ「いかだかづら」っていう歌よ、国民学校で習ったの。運動は嫌いだったけど、学校で習う唱歌にはすごく興味があった。「子どもの日」「富士山」「太平の歌」「台湾神社の歌」みんな歌えますよ（笑）。

♪守るも攻めるも黒金（くろがね）の
浮かべる城ぞ頼みなる
浮かべるその城日の本の
皇国の四方を守るべし
真がねのその船日の本に
仇なす国を攻めよかし

李　それ軍歌じゃないか、いつ覚えたの？

謝季春　そうよ、軍艦行進曲。6年生のときに覚えたの。

あの頃は軍歌がたくさん歌われていましたし、学校でも習っていたからみんな歌っていましたよ。音楽の先生はオルガンを弾いて五線譜を教えるけど、歌詞の意味は教えてくれない。だから意味もよく知らずに女の子も勇ましい軍歌を唄っていた（笑）。

李　そういえばよく歌ったな。

6年生のときに学校から台南市内の宮古座に「土と兵隊」という戦争映画を見に連れて行かれたことがある。あの映画の歌もよく歌った。

♪夜の深さに瞳を投げりゃ
どれが道やら畑やら
まして火のつく雨の中

オレに続けと手を振る兵も
三歩歩んで二歩滑る

謝季春　台湾神社の歌知ってますか？

♪台湾神社のお祭り日
太鼓がドンドン鳴っている
今年は豊年佳い年だ
蓬莱米を供えましょう
神輿を担いでエッサッサ
太鼓を担いでエッサッサ
台湾神社のお祭りだあー（笑）

李　知ってるよ、よく歌ったよ。中学校のとき全校生徒が揃って台南神社に行くのが恒例になっていた。歩いて行く。戦勝祈願の参拝だな。日本人は神社を大事にしますね、どこの神社も、いつも綺麗に手入れされている。

謝季春　台南神社はもうなくなりましたね。

李　神社の中の武徳殿はそのまま残っているよ。

謝季春　♪水に浸かっていい気持〜っていう水牛の歌もあったわね？

李　あったね、ボクも小さい頃は牛の世話や畑仕事を手伝ったから知ってるよ。こっちは花蓮あたりと違って黄色い牛だからね、水牛じゃない。

◆日本人の先生は厳しかった

謝季春　わたしは公学校を卒業したら日本に留学する予定でした。というのは、第一高女は受験科目に体育もあって、身体の弱いわたしにはムリと思ったから。それに、もっと日本語も勉強したかった。

それで従姉と一緒に留学する準備もして、行ける状態だったの。そうしたら空襲が始まって行けなくなった。残念だったわ。

仕方がないから第二高女に入ったの。当時の第二高女（現・第一高女）は主に台湾人、第一高女はほとんどが日本人で台湾人はほんのわずか。どちらにしても、入るのはなかなか難しいのよ。

李　確かに、あの頃は田舎の子が市内の中学に入るのはむずかしかったね。

私は公学校の高等科1年を終えたところで台南二中（現・台南一中）に入ったんだ。二中は日本人が少ない、一中は大部分が日本人、高女の場合と同じだよ。

二中のときの先生は日本人の本田先生。男の先生で、とにかく厳しかったねえ。怖いから授業中はいつも緊張していたよ。喧嘩もしない、宿題はみんなきちんとやるようになった。でも、授業は厳しかったけど学校は好きでしたよ。

とにかく日本人のキッチリしている性格はすごいと思うね。二中時代のおかげで、私もだいぶ鍛えられた（笑）。

ところが、そのあと終戦になって本田先生たち日本人はみんな引き揚げてしまったでしょ。厳しい先生が急にいなくなったら今度は寂しくてねえ。

しかも、後釜にきたのが娘のような台湾人の先生。教える科目が中国語。はじめは混乱しましたよぉ。途端に学校中の雰囲気が変わった。緊張感がなくなって締りがなくなった感じになった。

謝季春　わたしは中国語、全然習ってないの。実家は裕福な地主でしたから男の子には習わせていましたけど、わたしはずっと台湾語で生活してきたし、今でも台湾語だけ。別に不自由しませんもの。

◆日本に留学、建築技術を学んで起業

李　終戦直前と戦後しばらくの間は、やはり空襲と食糧難ですね、困ったのは。家が大きな農業やっていましたから食べることには困りませんでしたが、それでも白飯を食べるのは難しかったね。だいたい芋を入れたご飯でしたよ。

謝季春　わたしは申し訳ないけど、食べ物で苦労した記憶があまりないのよ。田舎でしょ、大きな畑もありましたから……。

李　大きな農家で育ったおかげだね（笑）。だから、ボクは中学を卒業したあと会社勤めをしないで父親の農業を手伝っていましたよ。

そこで、この人と結婚しましてね、21歳だった。それからしばらくして子どもができた。それをきっかけに市内で建設業を立ち上げたのです。会社は順調でしたが、建築技術にはまだまだ未熟、そこで建築の勉強をしようと日本の近畿大学に留学しました。30歳を過ぎてからのことです。

近畿大学では4年間、建築を専攻しました。なにわ会館という大学の会館に寄宿してね、二人部屋でしたよ。今でもあるのかな、懐しいよ。

謝季春　わたしも、あのときに留学できていたら、と思うと、とても残念。留学できなかったうえに、228事件なんかも起こるし……。

李　ボクはまだ子どもで詳しいことはわからなかったけど、ずいぶん多くのエリートたちが犠牲になったからね。ある友達のおじいさんは憲兵に狙われていて、常に棺桶を用意していたらしい。憲兵が乗り込んできたとき、本人は棺桶に入って、家族は「今から葬式だ」といってごまかした。それで助かった、というのがいたよ（笑）。

謝季春　台南第二高女の生徒の親族にも、ずいぶ

ん犠牲者がいたのよ。エリートの親とかでね。

李　ま、思い出したくもない怖い時代だった。「狗《いぬ》が去って豚が来る」という言葉があったけど、とにかく日本の後に来た国民党がひどかったからねえ、そのぶん日本時代が余計に良く感じるというのはあるね。

だけどボク自身は、日本人に対して、子どもの頃からずっといい感情を持っていたよ。

謝季春　少なくとも日本時代には、ああいった恐怖感はありませんでしたよ。

李　日本時代は警察が厳しかったから、とにかく治安がよかった。日本人もキッチリしているし。

それに清潔で衛生的な暮らしをする習慣ができている。当局もマラリアやコレラといった伝染病の撲滅に熱心に取り組んでいた。だから、ボクの中学時代の同級生の中にも医学を目指すようになったのが沢山いた。

ボクが省議員をやっているときも、日本時代に立てた都市計画をそのまま引き継いで実施していたよ。安全とか衛生、美観といったことが考えられていたからね。

ともかく日本人のキッチリとした性格、態度には感心する。日本が敗戦になって日本人が引き揚げていくときでも、近所の日本人はきちんと挨拶に来られたよ。あのときはホントに寂しい気持ちになったね。

謝季春　わたしが懐かしく思い出すのは、やっぱり歌ですね、日本時代の唱歌。とにかく歌が好きでした。今でもときどき口ずさんでいる。

（門井啓子）

邱文木さん

きゅう　ぶんぼく。１９１９年（大正8年・民国8年）台北州基隆郡貢寮庄澳底生まれ。１０１歳。澳底公学校を卒業、14歳で台湾北部の金瓜石にあった日本鉱業に就職。戦後、会社が国民党政府の接収を受けたのを機に退職、高雄に移住、鉄工所経営に参画する。高雄在住。

日本人のきっちりした性格と整理整頓、いいですね

◆欠かさない散歩、コンビニ通い

わたしは大正8年生まれでね、とうとう１００歳を超えてしまった（笑）。今年で１０１歳ですよ。見てのとおり足元はだいぶ怪しいけど、3階に自分の部屋があって階段を上り下りします。エレベータはないよ。

今でも一人で近所を散歩したりコンビニにも行きます。時間？……どれぐらいかかっているか知らない、時間は考えない、半日仕事（笑）。

わたしが生まれたのは台湾の最北端にある澳底という小さな農漁村です。日本人なら知っていると思いますが、日本が清国から台湾の割譲を受けて、北白川親王が最初に上陸したところですよ。

家は祖父の代からかなり大きな田んぼを持った農家で、父は占い師と漢方薬師もやっていました。ですから、小さな村の中では比較的裕福な家庭でした。わたしは長男、下に妹が2人、弟が3人います。

わたしは8歳でそこの澳底公学校に入って、初めて日本語を覚えた。家でも日本語を話す者がいませんでした。小さな漁村ですから、日本人も住んでいない。

普通は、公学校に日本人の先生がいるのですが、澳底の公学校は全部、台湾人の先生。だから、わたしの日本語は、完全じゃなかった。あとで日本に留学した時代、就職した会社時代に完全になった。

◆「人間」を試された〝落とし物〟

わたしは14歳で公学校を卒業して、金瓜石の日本鉱業に就職しました。金瓜石は九份の隣りで、家からも比較的近い大きな会社だったからです。

金瓜石の工場では、さまざまな鉱石、たとえば金、銀、銅などを採掘、精錬して内地に供給していました。鉱業用の機械設備もつくっていました。

会社では社員寮の生活、仕事は主に機械設備の保全・管理。といっても、入社間もない少年ですから見習いみたいなものです。

入社後しばらくしたある日、こんなことがありました。

わたしが工場の構内を歩いていたらおカネが落ちていたのです。二つ折りになったお札で、厚みから見てかなりの金額であることはわかりました。わたしは、それを拾ってすぐに上司の課長に報告のうえ会社の所管部署に届けました。そんなことがあって間もなく、わたしは大阪の東洋工業学校へ留学を命じられました。

あとでよくよく聞いてみたら、信用できる人間かどうかを試すために故意に大金を落としておいて、拾った者がどうするかを見ていたのだそうです。ずいぶんヒドイことをすると思いましたが、上司は謝りながらわたしに打ち明けてくれました。

「キミの仕事への取組みは真面目で懸命。そのうえ大金を拾っても迷うことなく直ちに届けてくれた。信用、信頼できる人物であることが十分わかった」

そういって技師への昇進を推薦してくれました。そして技能を磨くために日本へ留学させてくれたのです。

◆戦地行きから守ってくれた会社

日本の大阪東洋工業学校には14歳から18歳までの4年間在学しました。主に機械工学、設備工学などを学びました。学寮生活では友人もできて楽しい日々でしたが、遊びに行った記憶はありません。

なにしろ、会社が高いおカネを出してくれているのですからね、それこそ勉強に専念していましたよ、娯楽も遊びもほとんど縁がなかった（笑）。

日本の留学を終えて台湾に帰ったわたしは、再び会社に戻り、機械の保全と工場の労働者を管理する職位を任されました。そのときの月給は39円、当時の学校の教員より高い給料になっていました。

その後結婚して子供もできました。子どもは10人、子沢山です（笑い）。

みんな大学を出したし医者になったのもいる。

わたしのほうはといえば、戦争中でいろいろ苦労はありましたが、会社のために真面目一筋に一生懸命貢献してきましたから、若いときから重用してくれました。

金瓜石の隣りの九份にも鉱山があったのですが、あちらでは工場の物品がよく盗まれていたそうです。われわれの工場では全く被害がなかった。管理がしっかりしていたのは当然ですが、働いている者同士に信頼感と会社への忠誠心があったからだと思います。

会社内では日本人も台湾人も差別なく、平等でした。わたし自身、会社で嫌な思いをしたことがありません。

職員のための福利厚生もしっかりしていました。社員の慰労・慰安を図るために、映画の社内上映会や舞踊会をたびたび開いていました。

当時は、総督府が台湾統治をより安定させるために文化政策に力を入れていましたから、会社もそれを受けて社内の労務対策に取り込んだのかもしれません。

こんなこともありました。

機械管理の課長をしているときに徴兵が来たのですが、責任が重い重要な職務についているからといって、4週間の訓練を受けただけで、結局、戦地に行かなくてもいいように会社が守ってくれたのです。その訓練が終わったときは班長に任命され、4か月後には伍長に昇進していました。

いずれにしても、私自身としては会社に重用されてきましたし、日本人のきっちりした性格や整理整頓が性に合っていましたから、働きやすい職場でした。会社で嫌な思いをしたことがありません。会社の雰囲気も同僚も、いい印象ばかりです。

◆強盗の略奪から日本人を守る

金瓜石は田舎ですが、空襲はありましたよ。この地域では、ウチの工場は大きいですから標的にされるのです。

米軍機は定期的に、決まった時刻に飛んできて、決まったように爆撃していく。われわれは防空壕ではなく金瓜石周辺の洞窟に避難する。空襲警報が鳴ったら一斉に逃げ込んでいました。

空襲が激しくなってくると、日本人のお金持ちが山地の澳底に土地を買って疎開して来るようになりました。わたしも、知人の疎開を手伝ったり、空襲のときに洞窟に案内したり、いろいろ手助けをしたものです。

澳底に疎開してきて親しくなった一人に能宗さんという鹿児島出身の方がおられましてね、台北で生地問屋をやっていた。商品を爆撃から守るために、大量の生地を澳底に運びだすことになった。

ところが、その途中で強盗に襲われてしまった。戦時の混乱と物資不足で治安が悪くなっていたのです。相談を受けたわたしは、知り合いを通じてヤクザを雇いましたよ。彼らに運搬の警護をやらせるためです。毒をもって毒を制す、というわけです（笑）。

終戦になってからは、さらに治安が悪くなって、日本人の財産を略奪する強盗が増えました。ですから、疎開先の警護もヤクザに頼んで、結局、能宗さんの家族が日本に引き揚げるまで守りましたよ。

日本人が引き揚げるときに、持ち帰れるおカネと荷物には制限があったのですね。おカネは一人千円だけ。

そこで、わたし考えましたよ。能宗さんの家族全員の着物にお札をいっぱい縫い付けたの（笑）。着物を着たとき、ぶよぶよして可笑しかったけど、少しは余計に資金を持たせてやれた。

能宗さんは、そのときのお礼だといって、澳底の豪邸、土地、財産をわたしに譲ると言ってくれました。しかし、移行手続きをする前に、銃を持った国民党軍の兵士が来て、すべてを国民党が接収していきました。

その後228事件が起こることになるのですが、銃を持って入って来た兵隊を見たとき、先々に何か不穏な、嫌な予感を持ったものです。

息子夫婦・孫夫婦・曾孫と

事実、228事件では、近隣の基隆でも悲惨な弾圧がありました。18歳から40歳の台湾人がトラックに乗せられ、基隆港で殺害されたのです。その多くは台湾の南部から台北などに仕事に来ていた人でした。その惨殺があったときは基隆港の海が血の色に染まったそうです。

◆日本鉱業時代の経験を生かして再起

戦後、わたしの勤めていた日本鉱業は国民党政府に接収されました。収入の道を断たれたわたしは、大勢の家族を養うために、地元・澳底の海で穫れた海産物を基隆、台北、宜蘭まで運んで売り歩き、どうにか生計を立てていました。幸い、少なからぬ田んぼもありましたので、食べることに困ることはありませんでした。

しかし、子だくさんのわが家で子どもに十分な教育を与えようとすれば、海産物の小売商ぐらいではとても追いつきません。わたしは子どもの教育のために、鉄工所を経営していた親戚を頼ってここ高雄に移住して来たのです。1969年のことです。

鉄工所では部品の調達管理、機械の保全管理など、日本鉱業時代の経験が大いに役立ちました。今も息子たちが後を受け継いで順調にやっていますが、鉄工所で貢献できたのも、わたし自身が再起できたのも、留学の機会を与えられたこと、日本鉱業でそれを活かしてくれたこと、そういう幸運に巡り合ったからでしょう。

とりわけ、常に整理整頓され整然としているわが工場は、わたしが日本時代に身に付けた賜物です。

こうして一〇一歳まで元気でいられるのは大変ありがたいことです。

でも、昔の話ができる仲間が誰もいない、日本鉱業時代の同僚もみんな亡くなった。それがいちばん寂しい。

仕方ないね、こちらが長生きしているのだから(笑)。

ヤクザを雇って財産を守った、あの能宗さんとは戦後、ずっと手紙のやりとりをしてきました。家族を伴って澳底にも来てくれました。息子さんは、高雄まで来て、ここに泊まってくれました。ずっと、いいお付き合いをしています。

（松本洽盛）

頼錦徳さん

らい　きんとく。1922年（大正11年・民国11年）嘉義生まれ。96歳。嘉義中学を卒業後、京都府立医科大学に留学、終戦による物資不足のため台湾大学医学部へ転学。同大の医局、花蓮港病院を経て耳鼻咽喉科を開業。73歳で引退後アメリカに移住、12年間の米国生活を閉じて花蓮の生活に戻る。

日本留学、アメリカ移住、再び故郷・花蓮へ

◆優遇された日本人生徒がボロボロ落第

わたしは大正11年に嘉義で生まれて、幼少時は、ずっとそこで過ごしました。

今年で96歳になります。

その頃、父が建築請負会社を経営していましたので、経済的には比較的恵まれていました。おかげで後々、日本の大学に進学したのですが、学生生活も不自由した思いはありませんでした。

小学校は、日本人とは別の台湾人が学ぶ公学校でした。公学校は小学6年と高等科2年があって、上の中学に行こうと思ったら6年生卒で受けられるのです。

わたしは、地元の嘉義中学校に進学したくて6年生の時に受験しましたが、それまで呑気に過ごしていたせいで、見事に失敗してしまった（笑）。仕方がないから高等科に進んで、一年後に再度挑戦して、念願の嘉義中学に合格しました。

日本人が入る小学校には、非常に優秀な台湾人の子が数人入っていましたが、今のように進学熱が高くもないし、別に学校が分かれていることに違和感はありませんでした。

ま、ノンビリ屋のわたしが、そう感じていたのかも知れませんけど。ただ、嘉義中学に入学するのはとても難しかった。さすがに、わたしも、あのときばかりは必死に勉強しました。

というのは、入学試験では、日本人の受験生は優遇されていましたから、比較的簡単に入れるのですよ。台湾人の場合は、入学が認められる人数が少ないから、受験生は日本人の子よりも、さらに勉強しなければ受からない。

入学したら、台湾人は少数だから頑張る。だから、進級するときボロボロ落第していくのは皆、日本人の子でした。進級には優遇がないから（笑）。

中学校生活で、差別を受けたり、嫌な思いをしたことはありません。

どの先生方も、教育にはとても厳格で、熱心でした。体罰や怖い思いをしたこともない。しっかり勉強すれば認めてくれるし、優秀な子が多いから可愛いがってくれる。差別や叩かれたこともない。実力主義でしたね。

当時、日本から台湾に派遣される人材は優秀な人が多かったから、僕らはそういう人を「内地人」と呼んで、尊敬していました。

当時の日本の教育は良かった、成功したと思いますよ。

◆京都府立医科大学へ留学

嘉義中学校を卒業して、京都の府立医科大学の予科に進みました。

大学は京都御所の前にありました。

当時、台湾人で内地の学校に留学できるのは、中流以上の家庭の子供でしたから、生活に困るような学生はいませんでした。

むしろ、台湾の実家から送ってもらったアメ缶や砂糖を下宿のおばさんや近所の人にあげたりして、とても喜んでもらい、大事にされましたよ。その頃は、もう台湾からの砂糖が入りにくくなっていましたから、砂糖は貴重品でした。

当時、普通の留学生の仕送りが月60円ぐらいでした。わたしは、父が建設会社を経営していたこともあって月１００円送ってもらっていたから、学生としては、余裕のある生活を送っていました。

昭和19年に入って戦局が厳しくなってくると、学徒出陣が始まり、京都の各大学からも次々に出征していきましたが、わたしたちの医学部は兵役免除でした。

元総統の李登輝さんは京都帝国大学の農学部でしたから、兵役につきましたね。

◆戦後、台湾大学医学部へ転入

そして昭和20年の8月に終戦を迎えるわけですが、そのときは、もうひどい食糧不足で大変な状況でした。いくら親から少しばかり多く仕送りをしてもらっていたからといって、食糧そのものがないのですから、どうにもならない。

開業した医院前で家族と

京都府立医大の台湾人医学生たちと（前列中央のメガネ）

富士山を背景に妻と

毎日ひもじい思いをしながら食糧探しに苦労していたのでは、勉学もままならない。急速に好転する見込みもありません。

そこで、わたしは大学の学長に転学希望を出しました。台湾に帰って、台湾の医大に転学しようと考えたのです。

そのことを学長に言いましたら、学長は、

「落ち着いたら、いつでも戻ってきなさい。」

と言ってくれました。

しかし、台湾の医大がすんなりと受け入れてくれるかどうか、わかりません。でも、転学するなら台湾大学の医学部と決めていましたから、迷うことはありませんでした。

台湾に帰って転学の面接試問を受けたとき、面接の教授は、

「ほおー内地に留学していたの。ウン、よろしい。ぜひウチに来なさい」

といって即決してくれました。

わたしは、台湾大学医学部に移り、そこで1年2か月学んで卒業して、そのまま医局に入りました。

卒業する直前に、あの228事件が起きたのですが、常々、父から「お前は医学の勉強に専念しなさい。決して政治には関わるな」と言われていましたので、とくに当局から睨まれるようなことはしていませんでした。

そのためかどうか、何事もなく無事に卒業できました。

振り返ると、当時、医者やインテリの中には完全な冤罪で死んでいった人もいたようです。とても気の毒なことでしたが、政治のことを言えばきりがありません。

もし国民党が共産党との戦いに負けず台湾に入って来なければ、台湾は独立していたかも知れません。そうすれば、今現在、台湾が抱える問題や圧力はなかったかも知れません。

◆12年間の米国生活から故郷・花蓮へ

わたしは73歳で医師も引退しました。

民国40（1951）年に起きた花蓮大地震の後、台湾大学の医局から花蓮港病院に移り、その後、日本時代に西本願寺別院だった花蓮慈善寺の向かいに耳鼻咽喉科を開業しました。

子ども2男4女に恵まれて、現在は、診療所だった建物を他人に貸して、その隣に住んでいます。

長男が大学卒業後、さらにアメリカに留学してマスターも取り、そのまま商売を始めたので、私も73歳から85歳までの12年間はアメリカに移住して、グリーンカードも取りました。

アメリカの息子の自宅の玄関前には桜の木を植えましたが、それが大きく育って、今ではきれいな花を咲かせています。

そのアメリカにいる12年の間も、わたしは半年に一度は帰国して、ロータリークラブの役員を務め続けてきました。創立からのシニアメンバーで、39歳のときから活動しています。花蓮県でいちばん古いクラブです。

今は花蓮の自宅で暮らしています。台北に住む2人の娘や、アメリカの長男の嫁が交代で、私の食事の世話に通ってくれています。

ここの自宅風呂場には、日本式の檜づくりの浴槽をおいて、毎日楽しんでいます。

本も毎月、「文藝春秋」を取り寄せて読んでいます。とても平穏な暮らしをやっています（笑）。

世界のあらゆる場面、たとえばスポーツの大会でも、台湾の国名表示は「中華・台北」とされていて、「台湾」という表示は認めてもらえません。

わたしは今年の10月1日で満96歳になりますが、是非、2年後の東京オリンピックを見たい。東京オリンピックでは、「中華・台北」ではなく「台湾」と掲げてくれるかも知れないと聞いています。それが今の楽しみです。

（門井啓子）

林清照さん

りん　せいしょう。日本名・藤岡照雄。1934年（昭和9年・民国23年）花蓮田浦蕃社生まれ。85歳。祖父はアミ族の頭目を勤めた。永年、民意代表、花蓮県議員など多くの公的委員を勤め、アミ族の生活・地位向上に努めてきた。

日本式教育が育てたもの、残したもの

◆言葉が多い日本語が共通語だった

ボクは昭和9年生まれ、85歳です。5人兄弟の三男、長兄は幼逝して、次兄と2人の妹がいました。アミ族出身で、祖父は田浦蕃社の頭目でした。

幼い頃、家庭ではアミ語を使っていましたので、日本語との出会いは学校に上がってからですね。〝あいうえお〟の平仮名から始まって、次がカタカナを覚えて、ようやく教科書が読めるようになった。教わったのはアラキ先生、イズミ先生という日本人。校長先生も日本人だった。

ボクが8歳で、先生方は20歳そこそこでした。先生方は、みんな優しかったけど、勉強と規律には、とても厳しかった。

当時の学校は、日本人の子供たちとは別で、台湾人や原住民の子が通う学校を公学校といっていました。

公学校では、1学年を甲、乙、丙の3クラスに分けて、甲は漢人の男子、乙は漢人の女子、丙が原住民の子供で、男女が一緒だった。原住民の子のクラス丙組は大体60名。とても多かった。

公学校だったので、日本人の友だちはいなかったし、クラスメイトも同じ部落の原住民だから、日本語は先生と話すときや、国語の時間しか使わない。だから、日本語が話せるようになるのに1年ぐらいかかったと思います。

同じアミ族でも、東台湾の北部（寿から北）、中部、南部で言語が違っていましたので、その頃は日本語が共通語になっていました。

日本語のほうが言葉の数が多いから、大人たちは日本語で話したり、両方の言葉を混ぜて話していました（笑）。

年寄りの中には、今でも、ときどき日本語の言葉が飛び出す人がいるけど、40～50代以下の人は、中国語が共通語です。

昔の原住民は、みんな農民でした。

農耕機のない当時は、子供も大事な労働力でしたから、低学年の4年生までは半日授業で、午後は農業の手伝いにあてられていました。5、6年生は、学校に隣接する畑で農業実習です。

授業科目は国語、算術、地理、音楽の四教科。修身もありました。地理は、もちろん日本の地理。歴史はほとんどない。

僕は、比較的勉強ができたから、先生にも可愛がってもらったけど、たとえば、日本語の覚えが悪い、

若き日の父

頭目の祖父（プタルサボン）と警察署長

勉強しないと先生は叩くこともあった。それでも出来ない、しゃべれない者は、いくら怒っても出来ない。

いま、当時の女子の同級生が7、8人残っていますが、みな日本語を話します。

◆頭目の孫として生まれて

祖父は、この部落の頭目でしたが、祖父の生きた時代は日本統治時代の初期でしたから、日本名を持っていません。

頭目は、原住民の各部落の長であり、絶大な権力を持っていると同時に、重い責任を負っています。

日本の領土となった台湾を統治・開発するには、先住民でもある原住民の暮らしや、文化、生活、個人の把握が急務であるため、当時、日本から派遣された政治家、役人、警察等の長は、みな頭目のとこ

両親と兄（抱かれているのが私）

ろに来て、いろんなことを聞いたり、相談していました。

当然、頭目である祖父のところにも、日本人の有力者が来ていました。

花蓮港の築港や、臨海道路、鉄道建設のための労働力や人員の調達、派遣について、頭目に指示協力を仰ぎに来ました。

その様子を示す写真や、花蓮港築港祝賀会の招待状、感謝状などが今も残っています。

頭目は、世襲ではありません。ですから、私の父は頭目ではない。

ただ、頭目という親の立場の影響で、しっかりした教育を受けたり、日本人と一緒に日光・那須への視察旅行にも行ったりして見聞を広め、頭目の子に恥じない生き方をしていました。

その父も、祖父が亡くなった翌年の昭和14年に亡くなりました。

祖父が頭目だったおかげで、ある程度の土地や財産が残りました。

しかし、父は一人っ子だったため、畑を手伝ってくれる者がいません。結局、その後は母方の兄弟や親が一緒に働いて、守ってくれた。

ウチの敷地内には、田浦公学校として使っていた建物が、何度かの修繕を経て、今も残っています。

それよりも古い、現在、事務所として使用している日本家屋は、1886年に米倉として建てられたものです。昭和14年の父の葬儀の写真にもある当時の姿そのまま、今年で132年になります。

◆頭目家の立場を考え日本名をつける

父の日本名は藤岡静雄と言います。

普通の原住民は日本名を持っていません。

父の場合は、当時、祖父と交流のあった日本人たちから、頭目の息子という立場もあるから、後々の人生のためにつけた方がよいと言われて持たされたものです。

僕のすぐ上の兄は清雄、妹は稲子という日本名を持っています。下の妹は幼逝したので持っていません。

母は、平成10年に亡くなりました。87歳でした。

母の兄は太郎。東京で学び、帰国して教会を建てた。その次男も、中学を卒業すると東京で学ばせました。

母の実家は、頭目を輩出していませんが、両家とも教育熱心なところは共通しています。アミ族一般では非常に珍しいといってもよいでしょう。

僕の妻もアミ族です。

子供は、三人の娘と一人の息子。今、祖父から譲り受けたこの土地で、息子は「七里香」という民宿を経営しています。

代々の土地、財産は、今は僕の三女が相続しています。

というのは、アミ族の社会では、女の子が財産を引き継ぐという決まりがあります。

父は一人っ子だったから祖父の財産を継ぎましたが、相続してすぐに亡くなったため、僕の妹の稲子が全部相続した。

陸軍大臣の感謝状

結婚当時・妻の鄭春霧と

祖父の葬儀

ところが、その妹も父の後を追うように翌年亡くなり、やむなく僕の兄が継いだ。その兄は、ずっと独身で子供がいなかったから、僕の三女を養子にして継がせた、というわけです。

三女は東京の大学を卒業して、今は台北に住んでいるので、僕の長男が民宿をして土地を守っているのです。

ですから、僕は何一つ財産は受け継いでいない。ただ母が存命中、兄を説得して敷地内に70坪の土地をもらい、家を建てた。それだけです。

でも、兄は無条件で土地をくれたし、子供たちの教育費をほとんど用立ててくれたので感謝しています。

◆アミ族出身・坂田先生への思い

僕は、かつて花蓮県議員や民意代表、地方院の通訳や吉安郷のいろんな委員を何年も勤めてきました。今も花蓮県の顧問をやっています。

とくに委員などをやっていると、戦前は日本語、戦後は中国語を覚えなくてはならなくて、大変でした。

それでもアミ族、原住民の立場や暮らしが少しでもよくなるようにと思って、いろんな役職について励んできました。

今振り返って考えると、そういう仕事がきちんとできたのは、日本の教育を受けたおかげかな、と思っています。

学校時代は、ときどき叩かれました。教育で叩くのは決してよくない。でも、そういう厳格な教育、しつけがあったから、今のような平穏、安泰な暮らしが送れている、と思っています。

僕が通った田浦公学校には、アミ族出身の先生が何名かいました。その中に、日本名を坂田先生といって、アミ族からただ一人、台南の師範学校を出た優秀な人がいました。

でも、とにかく怖かった。厳しくて、すぐに叩く先生だった。先生のお子さんも皆、優秀でした。

坂田先生は、怖くて、叩くからアミ族の間では疎まれていました。保護者からも、ほとんどの親が嫌い、恨んでいました。

先生は教師を辞めた後、田浦神社の宮司になってからも、アミ族の悪い習慣、因習、性格、たとえば、あまり働こうとしない、向上心に欠ける、といったものを全部改めさせようと努力していましたが、結局、戦後、アミ族の習慣は元に戻ってしまった。

今も台湾人（漢人）とアミ族の間には、生活レベルに開きがあります。当時は、もっと差がありました。

坂田先生は、何とかしてアミ族の暮らしを経済的に豊かにしようと思って、教師としても、宮司としても、厳しく取り組んだのでしょうけど、一般的なアミ族には受け入れられなかったのですね。

僕は、5歳のときに父親を亡くしているから、坂田先生の厳しい教育のおかげで強く、逞しくなれたと思っています。

しかし、このような見方、考え方をする人は、アミ族には少ないです。

◆優遇措置という甘やかしが残した課題

そのほかにも、やはりアミ族出身で、花蓮港女学校を卒業してすぐに赴任してきた安田先生という女の先生がいました。この先生も優秀な方でした。

安田先生は、母親のように僕を可愛がってくれました。僕も先生を慕っていました。

戦後、国民党の政権下では、補助金や教育関連の進学制度の面で、原住民に対する優遇措置がとられて、日本時代の中で感じた圧迫感はなくなりました。

日本時代の厳格な教育が、今日このような暮らしや、僕の人となりをつくってくれたと思っていますが、やはり個人々々が自由に考え、発言できるという面では、戦後の民主主義のほうがいい、圧迫感がない。

確かに、国民党の戒厳令の下では、政治的活動は抑圧されました。しかし、アミ族の文化や暮らしは自由にさせてくれました。指図や強制はなかった。

ただ問題は、さきほど言いましたように、補助金づけや優遇措置といった甘やかしのせいで気持ちが緩み、元の悪い習慣の頭をもたげさせてしまった。その結果、原住民の生活レベルは、今なお上がらないという問題が残ったままです。

厳しくするのと叩くのとは違います。

だからといって、優しく自由にさせるのは、自分勝手に任せるということではない。正しい規律の中で、自主的に考える力をつけるように指導し、助けるのが教育でしょう。

それには時間もかかる、辛抱も要る。

自動車のハンドルのようにアソビ、余裕も欠かせません。戦時中の教育には、国をあげての戦争に忙しくて、その余裕が持てなかったのかもしれませんね（笑）。

僕はもうトシですからね、これからの台湾に向けてはあまり考えない、口も出しません。実際的な活動や、仕事も引退しましたし……。

時が経ち、アミ族の暮らしも変わって、文化の伝承も難しくなってきています。だから今は、昔の文化と伝統をせめて書き残したいという思いで、コツコツと記録に残すことをやっています。

まだまだ伝えたいこともありますので、人生の残り時間を使って、これまでのアミ族の生活、文化を記録しておこうと思っているのです。

（門井啓子）

陳顕宗さん

ちん　けんそう。１９２８年（昭和3年・民国17年）新竹州中壢郡（現・桃園市）生まれ。90歳。桃園国民学校、同高等科卒業。昭和19年海軍工廠《こうしょう》技手《ぎて》（少年工）に応募・渡日。日本の敗戦により昭和21年2月帰台。国民党政府により政治犯の嫌疑を受け、12年間にわたって投獄される。36歳で出所。義兄と紡績会社を起業。桃園在住。

少年工、敗戦、投獄生活12年を超えて

◆桃園・南門市場の自宅に訪ねる

ところは桃園市文化路・南門市場。

道路の両脇と住宅の軒下通路に並ぶ店舗と屋台。店先には色とりどりの野菜・肉・果物がこぼれ落ちんばかりに盛られ、そのそばから客を呼び込む声・声・声。

道路には車、オートバイ、自転車、人が行き交う。まさに「喧騒《けんそう》」の文字がピッタリの南門市場の賑わいぶり。

屋台の間をすり抜け、並び立つ建物の玄関を入り二階へ上がると、戸外の喧騒がぴたりと消える。

「どうぞ！　どうぞ！　お掛けください」

声の主は陳顕宗さんと奥さんの楊絨さん。

傍らのテーブルにはお菓子と果物が溢れんばかりに置かれている。差し出されたお茶を頂きながら部屋を眺め回していると、飾り棚のガラス越しに感謝状とミニチュアの飛行機が目に飛び込んできた。

感謝状

貴殿は先の大戦中選抜試験を突破して　日本本土へ渡られ艱難辛苦《かんなんしんく》に耐えてよく新鋭航空機の製造と整備に従事されました　更に帰国後は台湾の経済成長と民主化に貢献されました　日台友好親善への尽力も特筆すべき功績です　ここに衷心より感謝の意を表します

２０１３年5月9日
台湾高座会留日70周年歓迎大会会長
元内閣総理大臣　森　喜朗

これは海軍工廠技手（少年工）として従事した陳さんたちへ歓迎大会から贈られた感謝状。

台湾少年工といっても、今の日本人には意味不明であろう。

日本が台湾を統治したのは１８９５年（明治28年）～１９４５年（昭和20年）の50年間。この間、少年工が存在したのは終戦直前のわずか2、3年に過ぎない。

昭和18年、太平洋戦争の戦況がアジア全域に拡大していく中で、日本軍は航空機の製造が急務となる一方、兵員の不足に悩まされるようになった。このとき、航空機増産に必要な労働力の不足に頭を痛めていた軍部が着目したのが、台湾の18歳以下の少年たちである。

この少年たちの中に陳さんがいた。

陳さんは日本で過ごした3年余りの体験談を含め

激動の90年を振り返ってくれた。

◆正直者・働き者の両親の下で

陳さんは昭和3年、新竹州中壢郡（現・桃園市）で8人兄弟（男5人・女3人）の四男として生まれる。

桃園は、今でこそ国際空港や工場が進出し、台湾のシリコンバレーと呼ばれるほどの都会に変貌をとげているが、当時は椰子の並木と水牛が行き来する田園地帯であった。家は農家で米、トウモロコシの他に野菜や鶏・豚・アヒルなど家畜も飼っていた。

「両親は正直者で本当に働きものでした。子供が沢山いたから朝から晩まで働いてばっかり。お母さんも田んぼに出かけて、日中は家にほとんどいなかった。淋しかったけど、おばあさんがよく可愛がってくれたから……。」

と陳さんは振り返る。

少し大きくなってからは兄弟や近所の子供たちと石けり・縄跳び・川で魚釣りをしたこと、とくに自転車を乗り回すことが好きだったことも懐かしい思い出。

日本人との付き合いや触れ合いは少なかった。

「近所には日本人は少なかったね。知っているのは学校の先生か警察官ぐらい。とくに日本人に対して悪い印象を持ったこともなかった」

子供の陳さんにとって、普段の日常生活の中では日本人と台湾人との区別を意識させられるような体験はなかったのだろう。

9歳のとき、家族は桃園に引っ越すことになる。小学校は桃園国民学校。クラスは卒業するまでずっと「い」組だった。学校では日本語、家では台湾語を話していた。

3年生のときに初めて日本人の藤山先生が担任になった。藤山先生は病気がちで身体は弱かったが、優しい人柄で、叱られたことはなかった。好きな学科は国語、なかでも教育勅語を諳んじるのが楽しくて、小学校低学年の頃から全員の前で発表させられたことも度々であった。苦手な学科は音楽、とくに唱歌を歌うときはいつも下を向いて、小さな声でみんなの声についていくだけだった（笑）。

◆「海軍工廠技手養成所要員」に応募

小学校高等科を2年で卒業。この頃から機械や電気などの工学に興味を持ち始め、その方面の勉強をしたいという希望を持っていた。当時、桃園には中学校がなく、できれば台北の台北一中か台北二中に行きたかった。

しかし、兄弟も多く、家の経済事情を考えると進学はとても無理なことはわかっていた。

そんな折、目にしたのが工兵の募集情報だった。統治下の台湾にあって陳少年も、日本国のために役に立ちたい、また、何かをしなければという気持もあった。航空機の製造に携わることにも興味があった。さらに合格すれば内地に行けるうえに給料も貰えることが何よりも魅力であった。

当時の台湾では、主要な仕事はほとんど日本人で占められ、台湾人が就く仕事は限られていた。そんな生活の展望も持てない背景もある中での「海軍工《こう》廠《しょう》技手《ぎて》養成所要員」の募集は、少年たちにとっても魅力あるものであった。

しかも、徴用でなくあくまで留日（日本への留学）募集で、国民学校高等科卒業者であれば工業学校の卒業資格、中学校卒業者であれば高等工業学校の資格を与え、将来は航空機技師になる道が開かれ

高座の寄宿舎前で（少年工時代）

る、としたものである。

仕事の内容からも単なる職工でなく、成績優秀かつ親の承諾と先生の推薦状がなければ応募できない狭き門。日本語に堪能なことは最低の条件でもあった。

つまり、応募した少年たちは、明日の台湾を背負って立つエリートといっても過言ではなかった。

こうして選抜された向学心の強い壮健な少年たちが集められ、その数は第一陣が昭和18年5月に1800人、19年5月に最終の第七陣2000人まで、総計8400人に及んだ。

当初、陳さんの両親は応募にあまり賛成ではなかったが、先生の推薦もあり、最後は自分で判断して少年工の道を選択。高等科の級友が5人一緒だったことも心強く、日本行きを決心した。

出発前には家族で記念写真を撮り、前夜には全員が揃って食卓を囲んで送別のひとときを過ごした。

◆「太平洋の女王」浅間丸で日本へ

昭和19年5月13日。第七陣2000人の中に陳さんの姿があった。浅間丸で基隆《きーるん》港から17日に神戸港へ。浅間丸は1万7千㌧の貨客船。戦前には「太平洋の女王」と呼ばれ、その巨大さと優美さを誇り、少年工輸送に3回使用された。

航路は敵攻撃を避けて東シナ海経由、護衛船団に守られての航行であった。こうした配船と護衛の方法からも、当時の海軍が少年工を虎の子のように大事に扱ったことがうかがわれるが、同船は半年後の11月1日に敵潜水艦の魚雷を受けて沈没している。

「乗船したとたんに赤痢に罹ってね、そのうえ酷い船酔いで散々な思いをしましたよ。一方で、内地は楽しいところだと思っていましたので期待と不安が頭を巡っていました。」

と陳さんは当時の胸の内を振り返る。

5日間の船旅を終えて神戸に上陸、汽車で神奈川県高座郡の高座海軍工廠に向かった。

高座工廠に着くと、全員が集められ適性検査。陳さんの身体は赤痢で弱っていたものの幸い甲種合格となった。

少年工たちは高座をはじめ群馬の中島工場、名古屋の三菱工場など各地の7~8工場に配属された。陳さんは大和（現・大和市）工廠（後に横須賀）の配属となった。

宿舎は一つの寮に二百人が寄宿し、全体を総括する「舎監」は石川明雄氏（子息の公弘氏は高座日台交流会会長）、各寮の寮長は台湾人が務めた。すでに故人となられた舎監・石川氏の長男・公弘氏は当時を述懐する。

「私達家族も宿舎の近くの官舎に住み、父は彼らと同じものを食べて親子のように接していました。それは彼らに寄せる愛情と信頼の深さでもあったのでしょう。」

こうして少年工としての生活が始まった。

◆汗と油にまみれて

起床は朝5時、宿舎を6時に出て、工場までの2

キロ余りを、行列を組み軍歌を歌いながら通った。

♪太平洋の空遠く
輝く南十字星
黒潮しぶく椰子の島
荒波吼《ほ》ゆる赤道を
睨《にら》みて起きて南の
護りは吾《われ》ら台湾軍
ああ厳として　台湾軍

これは彼らがよく歌った「台湾軍の歌」、ほかに「予科練の歌」「愛国行進曲」などもよく歌った。

終業は7時であったが定時に帰ることはほとんどなく、夜遅くまで汗と油にまみれて働いた。宿舎に

高座の宿舎前で仲間たちと

少年工時代にいつも通っていた銭湯の家族たちと（後列中央が陳さん）

少年工仲間と熱海旅行（左端が陳さん）

帰るとすぐに寝る毎日だった。

「夏の暑さはなんとか我慢できましたが、冬の寒さと冷たさは堪えました。手や足のアカギレやシモヤケが痛くてね（笑）」

南国育ちの少年工たちには日本の冬は辛かったようだ。

それでも月2回の休日には、横浜の南京町（現・中華街）に出かけて、お粥や饅頭などを食べるのが息抜きになった。

「あの頃の楽しみは食べることだけね。お腹をいつも空かしていたから給料（一日90銭）のほとんどが食べ物で無くなったよ（笑）」

「当初は白米だったが終戦間近には、麦が混じった真っ黒のヒジキ飯や大根飯がでるようになってね！」

終戦直前の食糧難は少年工たちも同じだった。


作業内容は建物ごとに分かれ、陳さんは第3工場。最初は旋盤や万力を使ってのネジや機械の部品作り。次第に整備や修理に加わるようになった。

休憩や宿舎の往復時には同期の仲間と情報交換し合って互いに寂しさを紛らせたり、心の支えとした。

工場には海軍士官、技術職員、工員、動員学徒、女子挺身隊など総勢二千名が働いていた。

事務の手伝いで出入りする女子挺身隊の姿は、若き少年工たちの心を温めてくれたものだ。戦後、高座会歓迎大会で、そのときの挺身隊におられた佐野た香さんと再会できたことは大きな驚きと感激であった。

同じように動員された日本人学生の中には、作家の三島由紀夫や「フジヤマの飛魚」で知られた水泳選手の古橋広之進もいたという。

陳さんの作業班は約30人で編成され、当初は日本人学生が多かったが戦局が厳しくなるに伴い徴兵で徐々に少なくなっていった。作業班のトップは河川役長、次に伊藤組長。50歳台の伊藤組長は厳しい人であった。

「お前たちが造っているのは戦闘機だ！　気を抜かずにしっかりやれ！」

と、いつも大声で叱咤激励していた。

「戦争が激しくなるにつれて工場全体にも緊張感が漲り、私達にも連帯意識があったので、怒られているという意識はなかった」

と陳さんは笑う。

隣接する厚木飛行場から戦闘機「雷電」が運び込まれ、整備や修理に携わることもたびたびあった。

「実物の雷電を身近にしたときは緊張感で身が引き締まる思いがしたものです。と同時に、これで自分も一人前になれたと密かに自信を持った！」

と苦しい中の期待感を語る陳さんである。

雷電は高座工場で120機生産されたと記録されている。

◆工場の解体を横目に

まもなく本土にも空襲が激しくなり、航空機の製造工場は攻撃の第一の目標となった。昭和19年12月には三菱重工業名古屋製作所が徹底的な焼夷弾投下により壊滅、25名の少年工が亡くなった。

やがて高座海軍工廠もグラマンの攻撃を受けるようになる。陳さんの工場でも、高度の精密機械部品は地下工場で造る建物構造になっていたが、空襲警報のたびに作業は中止となった。陳さんは横浜方面の夜空が真っ赤に染まったのを見ながら、「この工場もいつかはやられる」と思った。

終戦の数週間前の7月20日、夜間空襲を受け、6

名の少年工が命を落とした。空襲警報時は早目に避難するように配慮されていた少年工であったが、たまたま夜の交代時間と重なり、宿舎への帰途に襲われたものであったという。工場も大きな被害を受け機能は失ったが、幸い陳さん自身と宿舎は無事であった。

8月15日終戦。

天皇陛下の玉音放送は雑音が多くはっきりと聞き取れなかったが、少年には改めて敗戦の説明がなされた。少年工のなかには肩を寄せ合い涙する者も見られた。

これまで徹底した皇民教育を受け、日本に尽くし将来の道をも約束されていた彼らの夢は敗戦とともに消え去った。しかも日本国籍から中華民国籍への変更を余儀なくされ、「第三国人」として滞在せざるを得なくなった。涙する彼らの胸中いかばかりであったろう。

まもなくすると各地で終戦を迎えた少年工たちは高座に次々と送り返され、宿舎は少年たちでいっぱいになった。

終戦と同時にそれまでの日本海軍は解体され工場も閉鎖。命令系統がなくなったために宿舎の規律も乱れ、一時は騒然となった。しかし、彼らの中から李雪峰《りせっぽう》氏（後の台湾高座会の総代表）がリーダーになり「台湾省民自治会」を結成、外務省や神奈川県と折衝を重ねて、帰国までの道筋や宿舎の維持管理などの課題を解決していった。

少年工は台中、高雄などの出身地ごとに班分けが行われ、陳さんは新竹班となった。その結果、同郷意識が高まると同時に、安心感を取り戻すことができた。

宿舎では年長の指導者を中心に役割分担を決めて

食事、部屋や便所掃除を当番制で行った。この間、食事には不自由しなかったが、給料は支払われることはなかった。後に帰国の際、少年工全員に退職金に見合う餞別金千円の一律支給を受けた。これも交渉の成果であった。

宿舎での行動は自由であったが、とくにすることもなく、ただひたすら帰国の日を待つのみであった。外出は比較的自由であった。

「江の島の児玉神社（日露戦争で活躍した軍人・児玉源太郎を祀った神社）に参拝したり、江の島の海岸でサザエのつぼ焼きを食べました」

陳さんには数少ない、ささやかな楽しい思い出だ。

年が明けると陳さんにも帰国の朗報が飛び込んできた。

「嬉しかったねえ！まず両親の顔が浮かび兄弟の顔が次々と……。一方で、帰ったら何をしよう、何をしたらいいのか？」

と、早くも帰国してからのことに気持ちが向いていた。

一月に入ると第一団の帰国が始まる。負傷者と付き添い者、そして遺骨が横浜から出港。二月になって、いよいよ陳さんの番。身の回りをまとめ、リュックの中には日本軍飛行士のマフラーと戦闘帽があった。この二品は家族への土産といえるものでなく、二年余の想いが詰まった「証し」であった。江ノ島で買った珍しい石は重かったので諦めた。

工廠応募時に約束された「高座海軍工廠工員養成所見習科」の卒業証書は遂に手にすることはなかった。

工廠を離れる日、工場の解体が始まっているのを横目にしながら、横須賀の浦賀港から基隆への帰国の途へ就いた。

むろん、陳さんを含め多くの少年工たちは、その後に待ち受けていた災難、苦難を想像できなかっただろう。

◆政治犯として逮捕される

帰国後、就職か進学か進路について迷っていたとき、漢方医をしていた長兄・顕義氏から「勉強しなさい、きっと偉くなるから！　学資は私が出すから」と進学を勧められた陳さんは、台北市にある開南商工土木科に進学した。

同校は、台北でも有名な学校で裕福な家庭の子供が多く通っていた。陳さんは、

「私は兄達に恵まれ、その後も随分世話になりました」

と、何度も口にする。

同校を3年で卒業すると、台湾省公路局に就職。台東の東台湾海岸道路の建設に係わるようになり、台湾での順調な生活がスタートしたかのように思えた。が、やがて台湾人はもちろん、陳さんにとって大きな転換期が訪れた。

台湾は「日本」から「台湾」に戻ることなく中華民国になり、蒋介石率いる国民党の統治下に置かれた。

1947年いわゆる「228事件」により2万8千人の台湾の民が殺戮、他にも政治犯として多くの民が投獄されたのである。

しかも、翌1948年から戒厳令が敷かれ、政治的弾圧が続き、エリート層とみなされる市民階層は恐怖の時代を迎えた。いわゆる「白色テロ」と呼ばれた時代である。この間、元・少年工たちは航空機製造に関った事実を封印し胸の奥に秘め続けなければならなかった。

日本語をしゃべることさえ憚れた時代背景からして当然のことだった。

1950年11月、陳さん23歳のとき、逮捕。開南商工時代の友人が政治犯で逮捕されたのがきっかけとなり、陳さん自身も同罪とされた。以後、12年間に及び政治犯収容所・緑島に投獄されることになった。

今回、陳さんの取材を続ける中で、どうしても23歳から空白の12年間が出てきた。何度も繰り返し質問するが、どうしても本人が口を閉じ、最後は〝勘弁してほしい〟との言葉を聞かされ、それ以上の問いかけはできなかった。

後日、奥さんの楊さんから、陳さんの逮捕・投獄の概略を聞くことができた。

陳さんが逮捕されたのは、友人に手紙を渡したことが容疑理由で、陳さん本人は全くの濡れ衣であった。白色テロが吹き荒れた当時は、逮捕されると有無を言わせない厳しい取り調べが続いたという。元・少年工の中にも一連の政治犯で捕らえられ、何人かは処刑された事実もある。

こうして優秀な将来を嘱望された元・少年工たちには、今ひとたびの苦境の時代が続くのである。

◆12年間の投獄生活

陳さんが逮捕されて7か月が過ぎた1951年7月9日、12年の刑が宣告された。この間、

「何もしていない！組織には関係していない！友達と遊んでいただけ！」

と繰り返し反論したが、聞き入れられることなく、罪名も明らかにされないまま刑が確定した。

同様の疑いで多くの市民が連行、処刑されていくのを身近にした陳さんは

「まだ殺されるよりはマシ！」と観念して刑に服することにしたという。ただ、7か月間にわたる取り調べの恐怖を思い出すと今でも身震いがするという。

緑島は、台東市から約30㌔の太平洋に浮かぶ孤島。1962年11月23日まで政治犯収容所として軍の管轄下におかれ、今ではダイビング客が訪れるサンゴが美しい観光名所になっている。

島では終日監視下におかれ、当初、自分たちの住居（収容所）造りに従事させられた。飲み水を確保するために山頂から水道を引く作業もさせられ、野菜作りなどは日常的に行った。

幸い陳さんの土木知識と経験が大いに役立ち、仲間からの信頼も増していった。潜水が得意な仲間からサンゴを貰い、せめてもの兄への土産とするため大切に保管していた。

島の生活も長くなると、監視役のリーダーも三代目の頃には緩やかになり、収容所からの出入りも自由にできるようになった。家族同様の雰囲気も生まれた。

そして、1962年11月23日、ついに釈放された。陳さん、36歳であった。

だが、陳さんには大きな心の変化が起こっていた。投獄される以前は自信を持って発言・行動していた陳さんであったが、それからというもの何も言わない陳さんに変わっていた。

「自分の過去が知れると家族・親戚に迷惑をかける。友達を失う。仕事も失う。だから一切過去には触れない」と心に誓った陳さん。

陳さんの投獄中、長兄は早期の釈放を願い、軍関係者に数百万もの大金を用立てたことがあった。しかし、効果はなく、それればかりか軍関係者の甘言に騙されていたことも後にわかった。

今はその長兄も故人となったが、子供が陳さんに渡すよう父から言付《ことづ》かったという箱を見せてくれた。箱を開けると、唯一の土産として兄に渡したサンゴがあった。

「嗚呼、これほどまで大事にしてくれたのか！」

陳さんは、兄の想いの深さに涙が止まらなかった。

◆義兄と紡績会社を経営

桃園の自宅に帰ってからも、当局の監視下におかれた生活は続いた。政治犯のレッテルを貼られた陳さんにとって社会復帰は容易ではなかった。就職の斡旋もあったが断ることも度々、取り巻く家族にとっても厳しい状態は同様であった。

やがて陳さんにも転機が訪れた。39歳になった頃、奥さんの楊さん（当時32歳）との出会いと結婚である。もともと知らぬ仲ではなかったが、お互い歳も重ねていたこと、陳さんの過去にも充分の理解があったことが、何にも代えがたいことであった。

奥さんは豆腐花（豆腐原料、黒砂糖と生姜味の氷菓子）の商売を始め、内助の功をいかんなく発揮した。

「優しくて、家庭を大事にしてくれて、子供・孫を可愛いがり、近所とも仲良くしてくれる最高の女房」

というのが陳さんの自慢である。

それから前後して義兄の国宇、国宙さんと協力して紡績会社を起こし、経営者として第二の人生をスタートさせた。義兄を前面に出し自分は総務経理を中心に働いた。

子供二人にも恵まれ、長男は文具会社勤務、次男はアメリカ・ダートマス大学（遠特矛斯大学）を卒業後帰台、中央研究院で分子生物の研究に就いている遺伝子学博士。ただ、陳さんは独身の彼のことが気になるらしい。

陳さんの家族同様、元・少年工の子供、孫たちのなかには、国会議員や台湾経済界で成功を治め、現在も活躍していることも耳にする。

陳さん自身は68歳を境に第一線から身を引き、平穏な日々を送る。引退後は、しばらく奥さんの商売を手伝っていたが、孫の世話に手が係るようになったため今は店を閉めている。その孫も手を離れ、

「今となっては妻と商売をしていた頃がいちばん楽しく充実した日々だったかもしれない」

と目を細める。

いちばんの理解者として支えてくれた妻（楊さん）

今は桃園市老人会総幹事として誕生日会や旅行など、老人たちの世話をする毎日である。老人会の仕事は、桃園市から委嘱を受けたボランティア、陳さんにとっては天職といえそうだ。また、総幹事の要職は、陳さんにとって、失われた12年間の名誉回復の証しであるかもしれない。

陳さんの口から、日本への、少年工時代への恨み節を聞くことはなかった。恨んだところで何になる、という思いがあるのかもしれない。

「毎朝欠かさずに散歩して、ＮＨＫのニュースも

チェックして、のど自慢の番組を見て、夕食には刺身と日本酒で一杯やる、これいちばんの楽しみ」

といって笑う陳さん。何となく救われたような気持ちになる。

「また、いつでも来てください。お待ちしています」

迎えていただいたときと同様の穏やかな笑顔で見送ってくれる陳さん。

別れを告げて外に出ると、朝の喧騒は消えて、人もまばらな静かな市場に変わっていた。

◆台湾高座会発足

台湾人の民主化要求が盛り上がり、1987年、ついに戒厳令が解かれた。ようやくにして元・少年工たちは第二の祖国・日本のことを遠慮なく語るようになった。

同年、李雪峰氏を代表に「台湾高座会」が発足、第17回大会は、陳さんの地元・桃園で開催された。以後、25回まで催されたが会員の高齢化によりその後は中断している。

日本では、有志により元・少年工の歓迎気運が盛り上がり、1993年「台湾高座会留日50周年歓迎大会」が開催されると、60周年、70周年歓迎大会も継続して座間市で開かれている。

2013年5月9日に開催された70周年記念大会には、台湾からも250名が参加、陳さんの姿もそこにあった。会場では、高座工場の先輩技手・早川金次氏、女子挺身隊の佐野た香女史との感動の再会が待っていた。

「早川さんはねえ、私の顔を見るなり〝元気でよかったなあ!〟といって抱きついてくれたの。佐野さんとは、〝お互い、おじいさん、おばあさんになったねえ!〟って笑い合った(笑)」

かつての仲間と高座会で再会

座間市芹沢公園に建立された「台湾省少年工顕彰碑」

この歓迎大会への滞在費を含めた旅費は全額、自己負担である。彼らの訪日が単なる高座時代を懐かしんでの旅ではなく、若き少年工時代の「誇り」を取り戻す強い信念の現れでもあろう。

早川金次氏は、１９６２年に戦没少年工の慰霊碑を建て、この間も少年工の遺族を台湾各地に見舞い、謝罪と慰霊の旅を続けている。こうした行動は、蒋介石の戒厳令下にあった元・少年工たちの日本への想いをプラスに転じさせたきっかけになり〝少年工の慈父〟と呼ばれている。

続いて２０１８年10月20日、神奈川県座間市の芹沢公園に「台湾省少年工顕彰碑」が建立、除幕された。

これは留日75周年を期して建てられたもので、90歳を前後する元・少年工22名と家族、日本人関係者が参列した。

碑には3種の和歌が刻まれている。

八千の台湾少年雷電を
造りし歴史永遠に留めん
　　高座日台交流の会　石川　公弘

北に対（む）き年の初めの祈りなり
心の祖国に栄えあれかし
　　台湾万葉歌人　洪《こう》　坤山《こうざん》

朝夕にひたすら祈るは台湾の
平和なること友の身のこと
　　元伊勢原高女挺身隊　佐野　た香《か》

石川公弘氏は、「終戦から70数年が経ち、少年工の皆さんも高齢化しました。これまで三度の歓迎大会を開催、また、顕彰碑の建立で一区切りを迎えました。今後は少年工を如何に後世に語り継ぐかが課題です。台湾でも少年工の二世・三世の集まりができたと聞いています。これから日本で台湾に係わるとき、一人でも「少年工」のことを話題にあげてもらうことが語り継ぐ一助になります」と結んでいる。

故郷を離れて（高座会会歌）

作詞・本島徹太郎（李添石）

♪故郷を離れて幾千里
荒波越えて堂々と
向かふは其の名も香ばしき
大和の海軍空C廠

♪雨に打たれて傘もなく
向かふは苦しい実習場
タガネにハンマを打ちかけて
見る見るうちに手が腫れる

♪痛く腫れても誰に言ふ
母は千里の彼方島
我が子よ達者で居てくれと
祈る母の幻か

♪まぶたに故郷を浮かべつつ
何時になったら帰るやら
過ぎしあの日を語りつつ
緑の島が恋しいぞ

（尾上　充）

邱顕昌さん

きゅう　けんしょう。1932年（昭和7年・民国21年）花蓮港廳鳳林郡林田村生まれ。86歳。鳳林国民学校、旭国民学校（玉里）卒業。青年学校在学中の14歳時に終戦を迎える。同校を卒業後、一時、農業に従事、21歳時に応召。22歳時から約10年の会社員生活を経てホテル業に転身。現在、桃園在住。

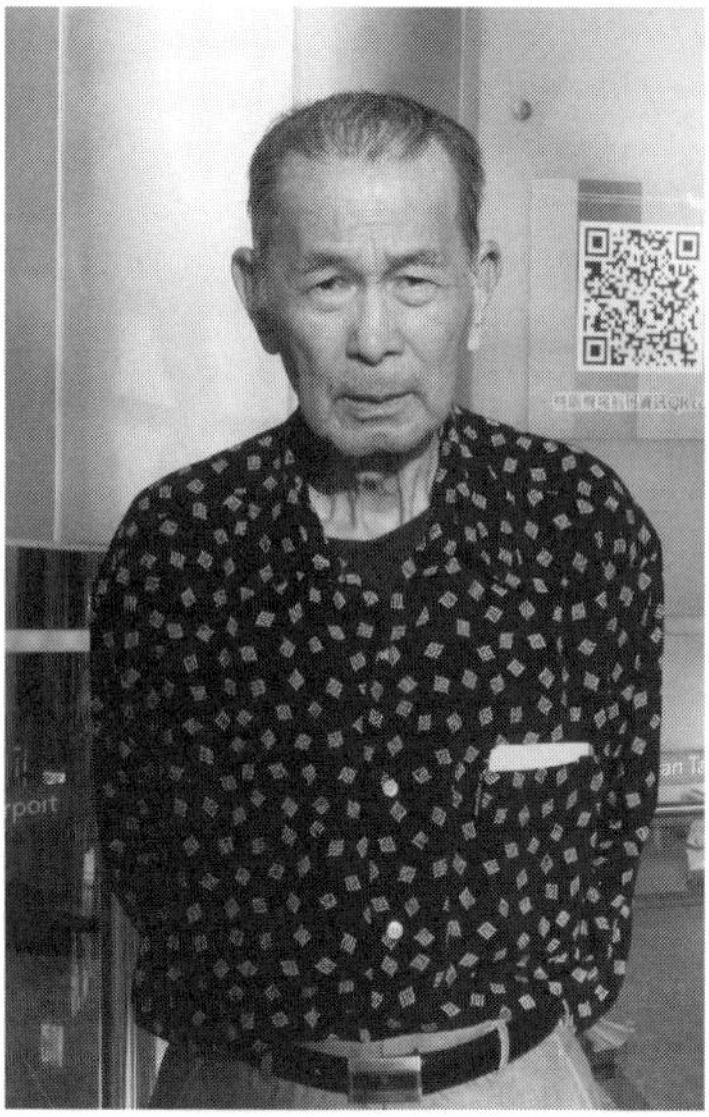

日本語を活かして知られざる日本時代を伝えたい

◆日本人移民村に生まれて

私は昭和7年に鳳林の林田村で生まれたのですが、両親はもともと桃園に住んでいました。その頃の桃園は、今のような工業団地もなく、街も大きくありませんでした。したがって、あまり仕事がない、いきおい生活は厳しいという状況だったようです。

当時、東台湾は日本人移民によってどんどん開発が進んでいました。大正から昭和の初めにかけて吉野、豊田、林田村と、官営移民村が次々に開拓されていました。

両親はその林田村に移り住み、日本人の地主から土地を借りて農業を始めたのです。そこで私が生まれたというわけです。

移民村には、不足する労働力を補うために、日本の内地から農家の二男、三男たちが入植していましたが、台湾全土からも多くの台湾人が移住したようです。

そうした移住者には、無法者か親の反対で結婚できない男女、あるいは不倫の男女が多かったといわれます。

ウチの両親は、勿論、そのいずれでもありませんよ（笑）。

林田村の移民村は、第一部落から第三部落まで3つの部落で構成されていて、それに隣接して30戸ほどの台湾人村がありました。

日本人移民には、政府から410坪の住居用土地が与えられていましたので、敷地も住まいも立派なものでした。それに比べると、台湾人の家は簡素なものでした。

大雨が降ったり、台風が来たら必ず雨漏りがする、畳もない、ゴザだけ敷いた床に薄い布団で親子兄弟が寄り添って寝ていました。

普段はほとんど裸足の生活でした。靴を履きだしたのは学校に行くようになってから。それも学校の手前の川までは裸足、川で足を洗ってから靴を履く。帰るときは靴を汚さないように手に提げて持ち帰った（笑）。

靴を買うときも、できるだけ長い間履けるように大き目のものを買う（笑）。

あのときばかりは、いつでも無造作に靴を履いている日本人の子が羨ましかった。

◆移民村の人々と生活風景

私の家は第二部落でしたが、真ん中の第二部落がいちばん大きくて、派出所、商店のほか競馬場や墓場までありました。

商店は、いわゆる「よろずや」で、名前は「高坂商店」。味噌、醤油、酒、たばこ、塩鮭、スルメ、缶詰、お菓子の金平糖に至るまで日用品ならなんでも売っていました。メリヤス、着物までおいてあった。

ときどき父の遣いでタバコと酒を買いに行きましたが、酒は「白鶴」か「月桂冠」（笑）。今でも日本に行ったときは白鶴か月桂冠を呑む。息子たちへの土産も月桂冠です（笑）。

普通、農民が買っている酒は大きな樽に入っている米酒で、家からビンを持っていって分けてもらう。清酒は一升瓶の萬壽、金鶏、タバコはキセルで吸う芙蓉、曙、敷島、朝日といったものがありました。

主な農作物は、米（陸稲）、トウモロコシ、サトウキビ、ほかに家畜として鶏、アヒル、豚などを飼っていました。もちろん、鶏やアヒルは自家用としても食べます。

当時の日本人の農家には陸軍から仔馬が一頭ずつ配給され、飼育することが義務付けられていました。いずれ軍馬として徴用されるのですが、その前に、成長した馬を原住民に預けて調教してもらうのだそうです。

馬草の餌やり、朝の運動、川での水浴などは日本人農家の見慣れた風景でした。

同じく水牛も農耕や運搬など不可欠な労働力でした。今ならマイカーの役目もしていました。

ですから、病気になると、獣医を呼んで手当をしたり、時には夜通しの看病をしたり、大事な家族同然の扱いをしていました。とくに高熱が出たときなどは、男の子のオシッコと薬草、アヒルの生卵を飲ませる、といったことも聞きました。

なぜ男の子のオシッコでないとダメなのかは知りません（笑）。

ウチの地主は田中さん。

どういうわけか、田中さんのご主人はいつも斧で薪割りをしていた、そんな姿が印象に残っています。ほかに、横尾さん、柿沼さんといった地主さんとも親しくしていました。

毎年、田植えや稲刈りが終わると、地主の田中さんを招いて、お礼のもてなしをするのが慣例でした。当日はお酒と特別なご馳走、お餅を用意します。お餅は日本のように杵でつくのではなく、石臼で練り上げたものです。その餅に大根や野菜、ちまきなどを包んで食べます。

地主の田中さんを呼びに行くのは私の役目で、なんとなくワクワクしたものです。

なぜなら、田中さんは、いつも手土産に月桂冠の酒、メリヤス、それにお菓子をどっさり持ってきてくれるからです。

メリヤスは母がいちばん喜びます。当時のメリヤスはなかなか手に入らない高価なものでしたからね。お菓子はもちろん私たち子どもの楽しみ。

日本人の農家では米、芋、タバコ、甘蔗が主な作物でした。なかでもタバコは耕作地が広いうえに栽培、取り入れ、乾燥に一時に多くの人手を必要とします。両親はその手伝いにも忙しくて、ほとんど家にいませんでした。お婆さんが留守番役。台湾人の家庭はみんな同じようなものでした。

わたしの兄弟は姉、私、次男、次女、三女、三男の6人。兄弟みんながお婆さんに育てられました。おばあさんは優しくて叱られた記憶はありません。

日本人村も若い男はみんな出征して、昼間、村に残っているのは老人と婦人ばかり、あとは鶏、アヒル、うるさい鵞鳥だけ（笑）。

少し大きくなって学校に行くようになってからは、日本人移民村の子とも遊ぶようになりました。

第一部落を通って学校に行く、神社のお祭りでも一緒になる、だんだん顔見知りができて、男は男、女は女の子同士で遊ぶ。石蹴り、コマ回し、メンコ。おカネがないから竹馬、水鉄砲、ゴムのパチンコ、みんな自分たちでつくったものです。

戦争中だから戦争ごっこもやりました。敵味方に分かれて敵陣地を攻める、突撃する、武器は手づくりの竹やりです。

あるとき、草むらに隠れていた弟の口を刺してしまって、あとでお父さんからえらく叱られた（笑）。

日本人の子からは、よく絵本を貸してもらいました。のらくろ、肉弾三銃士、何回も何回も読み返したものです。ウチでは、絵本なんかなかなか買ってもらえませんからね。

学校は5年生まで鳳林国民学校です。

一学年2クラス、日本人の生徒は警察、役所、医者、先生の子どもたちが数人、あとは福建系、広東系の台湾人と原住民の子ども。

学校の言葉はすべて日本語、家では台湾語、原住民の子とは日本語で話していました。子どもは言葉を覚えるのが早いです。

学校に行くのは楽しかったですよ。

学校から家に帰るまでの〝道草〟ね（笑）。ただの川遊びが魚捕りになって、時間を忘れてしまうぐらい夢中になる。

学校の行事では、運動会と遠足がいちばんの楽しいイベント。毎日3キロぐらい歩いて学校に行ったから走るのは得意でした。紅白に分かれてのリレーは最高に好きでした。それに、棒倒し、綱引き、最後の騎馬戦、あれにも興奮したものです。

残念ながら肝心の授業のことはあまり覚えていません（笑）。

先生の名前もほとんど忘れました。ただ、国民学校のときに教えられた「教育勅語」だけは、今でもスラスラ言えます。自分で書いた教育勅語を引き出しに入れてあります。

◆まともな授業、卒業式もないままに

国民学校5年のときに玉里の旭国民学校に転校しました。昭和19年に東台湾を襲った台風で我が家が倒壊したためです。

あのときの台風は、東台湾各地に記録的な被害をもたらしました。我が家の簡素なわら葺き家も吹き飛んで、家じゅう水浸し、母と兄弟6人で、近くの日本人のタバコ倉庫に避難させてもらった。父は軍の命令で、花蓮港北浦の飛行場建設に牛車ごと駆り出されていて留守中のことです。

避難したタバコ倉庫には、ほかにも逃れて来た台湾人家族がいました。ずぶ濡れになって寒さに震えている私たちに、日本人移民村のお母さんたちは、着物を着替えさせ、毛布や布団も用意してくれました。あのとき食べたおにぎりと温かい味噌汁の美味しかったこと、今でも忘れていません。

翌日、家に戻ると、我が家は元の姿を全くとどめないほどに吹き飛ばされていました。

台風で住まいを失った一家は、父の知人の助けで玉里に移り住むことになりました。昭和19年の秋です。

玉里の国民学校に転校した6年生当時は、米軍の台湾空襲が頻繁になり、学校は休校が多くなりました。たまに登校しても、燃料用のひまわりを空き地

に植える作業や、近くの野山に出かけてオボンテンカ草の採集作業がほとんどで、落ち着いて授業を受ける余裕はなかったように思います。

昭和20年3月、台北では三千人を超える死者が出る大空襲がありましたが、田舎の玉里は、ときおりグラマンが飛来するだけで、犠牲者が出るような被害はありませんでした。

それでも空襲は空襲、飛来するたびに防空壕に逃げ込んでいましたが、ときにはそのまま眠り込んでしまうといったノンビリしたものでした。

まともな授業を受けないままに6年生が終わりましたが、戦況が厳しくなっていた影響で3月の卒業式は延期されました。以後、未だに卒業式はありません（笑）。

ただ、その後、日本人移民村の書記から卒業証書はもらいました。もちろん、交付者名は校長名ですよ（笑）。

「国民学校初等科ノ課程ヲ修了センコトヲ証ス
昭和二十年三月三十一日
台湾花蓮港廳公立旭国民学校
校長　大岩　大三」

これ、私にとっては日本時代に生きた唯一の証明書です。

卒業式のないままに、私は青年学校に進みました。校舎は同じ国民学校です。

しかし、青年学校でも授業はほとんどありませんでした。授業の代わりに三八（サンパチ）銃を持たされて軍事訓練です。13歳の子どもにとっては銃を持ち上げるだけで精いっぱいでした。

それからほどなくして終戦。

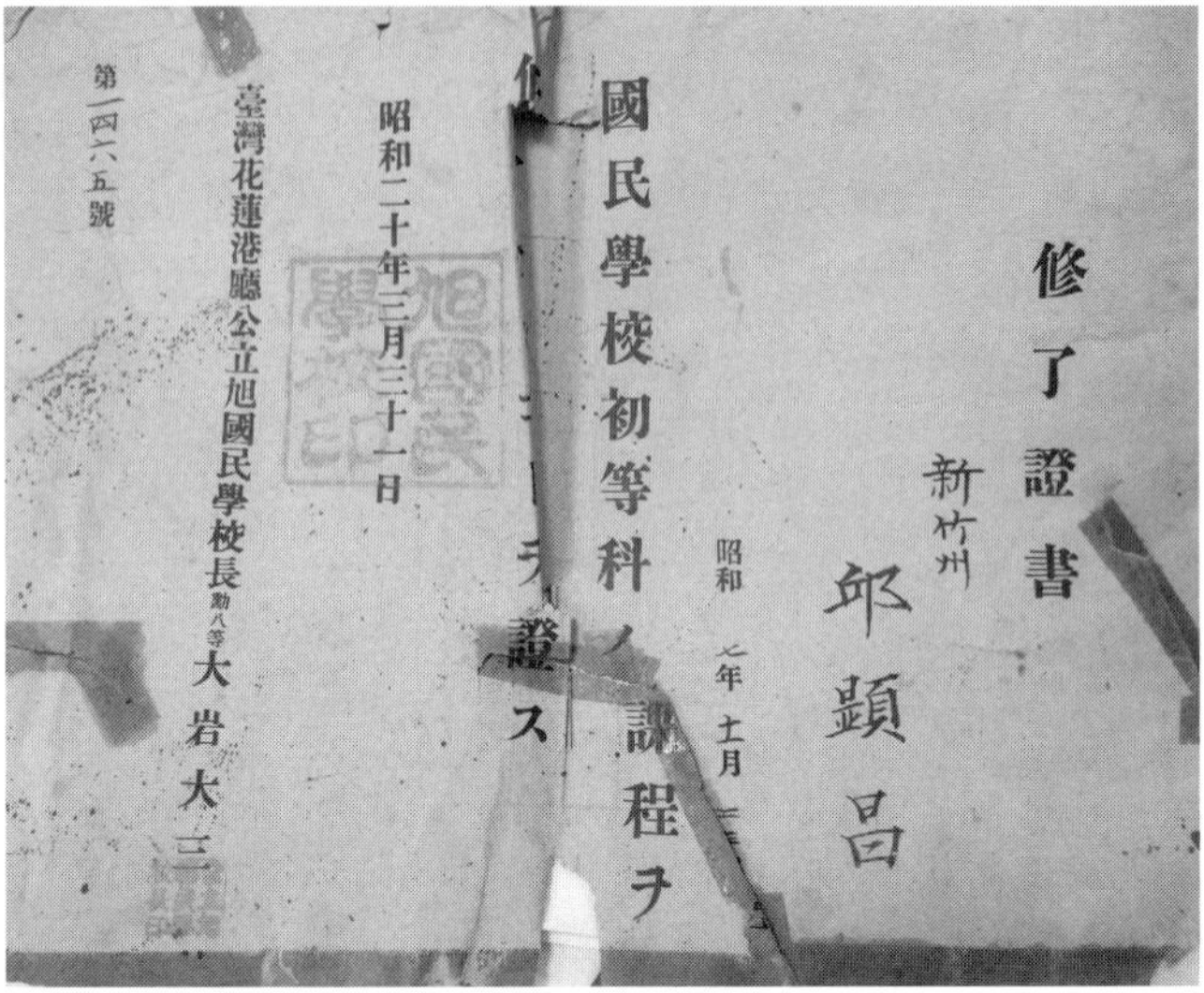
修了證書
新竹州
邱顕昌
昭和七年十月
國民學校初等科ノ課程ヲ
證ス
昭和二十年三月三十一日
臺灣花蓮港廳公立旭國民學校長勲八等大岩大三
第一四六五號

日本時代を生きた唯一の証です

玉音放送は聞けませんでしたが、それまでに硫黄島や沖縄が玉砕したとか米軍が宮崎の日向あたりに上陸するらしい、といった噂は聞いていました。それでも私は、日本が負けるなんて思っていませんでした。

「かかってこい！」

「♪来るなら来てみろ赤トンボ！」

「本土決戦」

の気分でした。

しかし、日本の敗戦は動かしようのない事実でした。40数万人の日本人が、花蓮港や基隆港から引き揚げて行きましたが、当時の私には知る由もないことでした。少年時代を過ごした鳳林移民村の情報はぷっつり途絶え、地主の田中さん、近隣の人たちの消息もわからないままでした。

周囲から日本人・日本語が消えるとともに、「日本人」として育った私の心は、新しい台湾人・中華民国人としてのアイデンティティを求めて戸惑う青年時代を過ごすことになりました。

◆日本語から北京語、兵隊から会社員へ

田舎の玉里で終戦を迎えた我が家は、製糖会社から土地を借り受けて、再び農業を営むことになります。

農家とはいえ、それまでの戦争と、長引く中国大陸の内戦の影響で食糧不足がさらに酷くなり、加えて極度のインフレで生活はそれまで以上に厳しくなりました。

そんな中、21歳のとき、中華民国の兵役義務で第一期補充兵として召集されました。毎日がきつい軍事訓練でしたが、1か月15元の給料（切手1枚50銭）がもらえるうえに食事付ですから、「ご飯が食べられるので助かる」という気持ちもありました。それほど食糧事情がひっ迫していました。

軍隊では北京語だけ。もちろん日本語は厳禁です。ときおり間違って使うと懲罰を受けます。おかげで、台湾語、広東語、日本語に加えて北京語も話せるようになりました。

このときの兵役は4か月で終わり玉里に帰郷しましたが、翌年、再び臨時招集を受け、馬祖島最初の上陸部隊として出征しました。

配属されたのは「作戦文書（事務担当の総称）部」。仕事は、いわゆるガリ版印刷。原紙に鉄筆で原稿を書き写して謄写印刷をするものです。他の戦友たちは、毎日、岩を爆破したり、壕を掘り陣地を構築するきつい作業に従事していました。

一方の私は、ときには軍幹部に随行して現地の部隊長から受けるご馳走に与るなどしていましたので、

いささか複雑な気持ちでした。同時に、「作戦文書部には、読み書きができて字が綺麗な者が選ばれる」と聞いて、「芸は身を助く」とも思ったものです。

馬祖島の任務を11か月で退役、玉里に帰郷しました。

しかし、農業では現金収入が少なく、相変わらず生活は苦しい。こんな状況では結婚もできないと考えた私は、意を決して桃園に出て就職しました。

就職したのはセルロイド会社の販売担当。ほとんどが地方回りの出張続きでした。

会社員生活を約10年、この間に結婚、28歳のときです。妻の名は巫詠恵、「恵子」という日本名を持っていて、知人たちは58歳で妻が亡くなるまで恵子と呼んでいました。

妻は電信局に勤務の共働きでした。二人は貧しかったので、「倹約」を合言葉にして、必死に貯蓄に励みました。

4人の子どもに恵まれましたが、共働きのため、いずれも幼いときは田舎の両親に預けながらの子育てでした。妻は電信局の昇任試験に合格して管理職になるなど、勉強好きの努力家でした。今では長女の邱瑞芬が母親の遺志を継いで電信局に勤務しています。

◆ホテル業へ転進、日本語の師と巡り会う

一方の私は、勤務先のセルロイド会社が、プラスチックの出現で業績が下降、先行きが見通せなくなっていたのを機に、友人と共同でホテル事業に乗り出しました。32歳のときです。

ホテル業を選んだのは、セールスマン時代に全国を回りながら数多くのホテルを見てきたこと、当時、高度成長期にあった日本から多くの技術者が桃園を

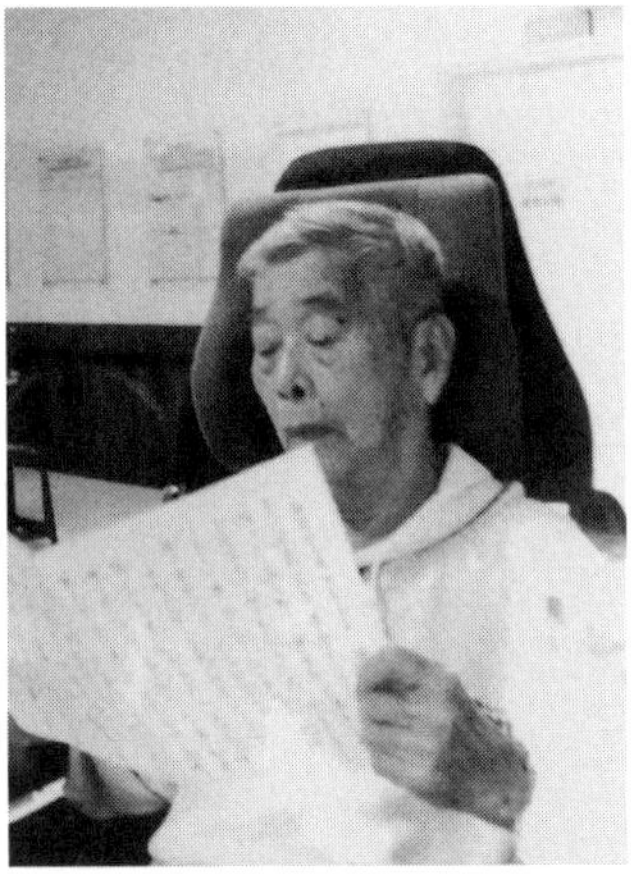
自筆の教育勅語を読む李訓舘さん

はじめ台湾各地の都市に長期出張で滞在していたことなどが、ヒントになりました。

幸い、私たちのホテルにも日本人客が多くなり、長年使っていなかった日本語を話す機会が増えました。そして、私自身の日本語にもう一度磨きをかけようと思い至ったのです。

私は、たまたま居酒屋で知り合った李訓舘氏を訪ね、指導を仰ぐことになりました。

李氏は、日本時代の旧制台北第二中学を出て学徒動員も経験、日本文学史に精通した「日本文学者」と呼ばれるほどの日本通です。

といっても、学者肌の堅物ではなく、酒を呑んでは日本の歌を唄い、朗々と詩を詠ずる人でした。乃木希典詩選や島崎藤村などの詩を諳んじていて、白い紙があったらすぐに筆で書きつけるのです。詩、短歌、流行歌なんでも思い浮かんだものをサラサラと書く。

とにかく日本語の詩と響きが好きだと言っていました。ですから、日本に旅行すると、必ず詩や歌になっている土地を訪ねていたようです。

私にとっては、単なる日本語の先生ではなく、「日本」そのものを学ぶ「老師」的存在でした。あの頃は、しょっちゅう居酒屋で酒を酌み交わしながら日本語、日本の文化、歴史、文学などを聞かせてもらったものです。

その老師も今は90歳、時折り入所している福祉施設の老師を見舞っては、当時の思い出話に花を咲かせています。

ホテルのフロントで日本人客と接するうちに、私の気持ちはますます日本へ傾斜していきました。

そして台湾の作家・黄文雄氏の日本関係著書を読破しました。日本人客に貰った新聞、雑誌も読み漁りました。司馬遼太郎の「坂の上の雲」、「文芸春秋」の購読依頼もしました。

今ではNHKの朝ドラや大河ドラマをくまなく見るのが日常生活の一部となっています。

◆台日友好と日本時代を伝えるために

鳳林の移民村で接した「日本」以外知らなかった私が、長年の念願だった訪日を果したのは昭和51年、44歳の時でした。

初めて見る日本の様子は、テレビを通じてある程度は知っていましたが、やはりその発展ぶりは素晴らしいものでした。

しかし、新幹線や高く林立するビル群にはさほど驚きませんでした。それよりも、旅先で誰からも優しくしてもらったこと、どこへ行っても安全で、美しく、清潔だったことにいちばん感動しました。

空港のトイレは、食べ物を落としても、そのまま食べられると思ったぐらいキレイだった（笑）。

以来、訪日するたびに、観光そっちのけで、ホテル時代に知り合った友人を訪ね歩くのが楽しみとなっています。松島、横浜、熊谷、金沢、大阪、神戸、博多、大分など、久しぶりに会う旧友の変わりない様子が確かめられると、自分まで元気になります。

最近の訪日は、子ども、孫たちとの観光ツアーが多くなりましたが、当初は通訳として重宝がられていた私も、今ではネット・スマホの出現で「お役御免」となり、彼らはスキーと温泉巡り、私は友人訪問、往復の飛行機だけ一緒といった日本旅になっています。

一方で、懐かしい日本の友人たちも台湾の私を訪ねてくれます。

そのたびに、八田与一氏たちが築いた「烏山頭ダム」、杉浦茂峰を祀った「飛虎将軍廟」、高雄にある「下淡水渓橋梁」の飯田豊二碑などを一緒に旅をしながら案内します。戦後生まれの友人は、私を通じて「知られていない日本時代、知らない歴史の空白」を埋めようとしているように思えます。

私としても、初代の樺山資紀をはじめとして、桂太郎、乃木希典、児玉源太郎等々、歴代の総督たち、後藤新平、新渡戸稲造等といった台湾近代史に名を留める日本人が台湾にどのような貢献を果たしたか、何をもたらしたかをもっと知ってほしいと思います。私は日本統治時代を多少ながら体験している最後の世代です。

私には「無師不説聖」、自慢できる学歴もありません。知恵や徳に優れた人間でもありません。が、私の体験が少しでも台日の橋渡しにお役に立っていると仰っていただけるのであれば、これからも日本語を活かして日本時代を伝えていきたいと思います。

「日本加油！」（笑）。

【追記】 本稿受領後、本文で紹介されている邱さんの「日本語の老師」李訓舘氏の訃報が届けられました。1月19日没、享年91歳。

邱さんは、故人が好んだ日本語で弔辞を読んだとのことでした。　合掌

（尾上充）

●本書の制作にあたって取材・資料提供等にご協力いただいた方々

林裕勳	黃家榮	翁純敏
林建智	品川真紀	張文憲
張清輝	梁錦德	黃榮嗷
陳聡明	内海真巳子	黃正安
顏文徵	劉嘉君	黃正杰
羅添福	藤櫻寛子	王銘文
林時隆	陳義正	邱奕峰
王祐德	陳怡如	邱瑞芬
王淑娟	胡向賢	林美玲
高華嬉	曾琰淑	李雪芬
張致遠	陳静芳	呉祐希
陳宣儒	李貞怡	劉春貴
林芳紀	白暁喬	竹村章
馬芬妹（馬藍）	陳鴻輝	石川公弘
陳秀美	張展圖	北沢主事
張宏達		

遠慮園（花蓮）にて

台湾−花蓮市濟慈路668號　電話+886 988 345 800

窓外にはタロコから能高山に連なる深緑の山並みが迫り、すぐ目の前には美崙川が流れている静かな宿、遠慮園のオーナー劉嘉君氏と日本人の奥様・内海真巳子さんには、座談会会場として場所をご提供いただき、参加者一同大変リラックスした中で話をすることができました。

■参考文献

古藤斎助『領臺後の花蓮港史談』1941
廖高仁編著『開村百年紀念　悦讀林田移民村』花蓮県鳳林鎮公所　2013
馬芬妹編『緬懐永思：馬有岳先生事蹟輯録』 2013
廖高仁編著『両個世代的教育』鳳林校長夢工廠叢書　2014
森田健嗣『台湾先住民族社会の戦後過程』アジア・アフリカ地域研究 第15-1号 2015
廖高仁編著『縦谷的往時　悦讀1939年的花蓮港廳』鳳林校長夢工廠叢書　2016
廖高仁編著『花東縦谷珍珠　悦讀鳳林客家小鎮』鳳林校長夢工廠叢書　2016
伊藤潔著『台湾』 中公新書　2016
野嶋剛著『台湾とは何か』 ちくま新書　2016
池上彰著『中国・香港・台湾』 小学館　2016
廖高仁編著『縦谷的故事　悦讀十九世紀的花蓮』 鳳林校長夢工廠叢書 2017
王淑娟総編輯『来去吉野村～日治時期島内移民生活紀事』 台湾行動研究學會　2018
陳柏棕著『護国丸――被遺忘的二戦臺籍日本海軍史』 月熊出版　2018
陳怡如『日本統治下の台湾総督府による文化政策の構築過程とその特質に関する研究――1895年～1936年の「表演芸術」に対する諸施策からの考察』 神戸大学大学院国際文化学研究科・博士論文2019

■編著者略歴
梅桜交友会（ばいおうこうゆうかい）
本書の刊行に賛同・協力するとともに、日台両国民レベルでの相互理解と友好を深める集いです。因みに、本会の名称「梅桜」はそれぞれの国花を表しているものです。
松本洽盛（代表）
尾上充・松下信司・門井啓子
連絡先：0742-43-3704
〒 631-0041　奈良市学園大和町 3-75

むかし「日本人《にほんじん》」いま『台灣人《たいわんじん》』
——最後の日本語世代が、日本人として生きた時代を、いま台灣人として振り返る

2019年　7月　8日　初版発行

編著者　梅桜交友会《ばいおうこうゆうかい》　代表《だいひょう》
松《まつ》本《もと》洽《こう》盛《せい》
取材・執筆　尾《お の》上《うえ》充《みつる》
門《かど》井《い》啓《けい》子《こ》
河《かわ》辺《べ》千《ち》佳《か》
松《まつ》本《もと》洽《こう》盛《せい》

制作・発行　早稲田出版サービス　発行者　石野誠一

発売者　石野栄一
発売　明日香出版社
〒112-0005 東京都文京区水道 2-11-5
電話 (03) 5395-7650（代表）
(03) 5395-7654（FAX）
郵便振替 00150-6-183481
http://www.asuka-g.co.jp

■スタッフ■　編集　小林勝／久松圭祐／古川創一／藤田知子／田中裕也
営業　渡辺久夫／浜田充弘／奥本達哉／横尾一樹／関山美保子／
藤本さやか　財務　早川朋子

印刷　株式会社文昇堂
製本　根本製本株式会社
ISBN 978-4-7569-2041-6 C0020